Erwachen
ist einfach

www.weltinnenraum.de

Vödisch, Barbara:
Erwachen ist einfach –
Mein Weg in die Freiheit
© J. Kamphausen Verlag &
Distribution GmbH, Bielefeld
info@j-kamphausen.de

Lektorat: Dr. Juliane Molitor
Typografie/Satz: Wilfried Klei
Umschlaggestaltung:
Shivananda Ackermann
Druck & Verarbeitung:
Westermann Druck Zwickau

www.weltinnenraum.de

Deutsche Ausgabe:

1. Auflage 2002
Die Deutsche Bibliothek – CIP-Einheitsaufnahme

Ein Titelsatz für diese Publikation
ist bei der Deutschen Bibliothek erhältlich

ISBN 3-933496-63-2

Barbara Vödisch

Erwachen ist einfach

Mein Weg in die Freiheit

Zum Geleit

Liebe Leserin, lieber Leser,

ich lade dich ein, meinen Worten und meinen Geschichten zu lauschen. Ich heiße dich willkommen – mitten im Leben. Dieses Buch erzählt die Geschichte meines Lebens. An manchen Stellen mag meine Geschichte deiner Geschichte gleichen, an anderen mag sie sich von deiner unterscheiden. Doch es ist und bleibt einfach nur eine Geschichte, wie auch dein Leben einfach nur eine Geschichte ist. Wenn wir uns mit unserem Leben identifizieren und all diese Geschichten für wahr halten, gibt es Leiden und Schmerz. Manchmal, aber eher selten, auch Freude und Glück.

Ich möchte mit dir auf eine Reise gehen, eine Reise ins alltägliche Leben und dennoch in das Sein, das jenseits all unserer Geschichten liegt. Ich erzähle dir zwar meine Geschichte, aber nur um dich an das zu erinnern, was wir jenseits unserer Identifizierungen mit all diesen Geschichten sind.

Auf der Ebene unseres Lebens in der Dualität scheinen Worte, Geschichten und Formen von Bedeutung zu sein. Sie können in der Tat wichtig sein, wenn es darum geht, das zu finden, was jenseits unserer Geschichten liegt. Ich bitte dich jedoch, dich an deine wahre Essenz zu erinnern, an die Essenz in allem. Ich möchte dich darin unterstützen, dein Leben so zu leben, wie es ist, und einfach nur zu sein. Auch weise ich dich darauf hin, dass ich zwar über das wahre Sein spreche, dass aber eine Beschreibung nicht das Sein selbst ist. Das Sein selbst liegt jenseits aller Worte. Es ist einfach. Deswegen ist es wichtig, dass du dich nicht an die Worte klammerst, die hier geschrieben stehen. Auch nicht an die Geschichten.

Vielleicht sind dir diese Worte eine Hilfe. Aber sie können nie die letztendliche Wahrheit sein. Auch mir kommen die Worte, mit denen ich das Unbeschreibbare zu beschreiben versuche, viel komplizierter, viel „spiritueller" vor, als das, was wirklich ist. Ich möchte dich nicht in die Welt der spirituellen, religiösen, weltanschaulichen oder philosophischen Theorien und auch nicht durch ein Labyrinth des Wissens über Erleuchtung und Erwachen führen. Ich gehe mit dir mitten ins Leben, in das, was ist. Ich lebe nur das Leben. Das Leben wird gelebt. Das ist alles. Sein. Es ist so selbstverständlich, so einfach und natürlich im Gewahrsein dessen, was ist.

Ich bin und lebe nur das alltägliche Leben. Völlig unspektakulär. Ich stehe morgens auf, putze die Zähne, bringe den Abfall zur Tonne, ich telefoniere, liebe vegetarische Pizza und all dies, wovon ich später noch mehr erzählen werde. Ich lebe einfach nur das Leben. Das Leben geschieht. Von Erwachen keine Spur. Es sind nur Worte, die gewählt wurden, um diesem Buch einen Titel zu geben, Worte die beschreiben, was geschah. Für mich sind diese Worte unendlich weit entfernt.

Es ist wirklich nur ein Leben, das gelebt wird, in Freiheit, im Gewahrsein der Unendlichkeit. Im Sein ist ein Leben, erwacht oder nicht, nicht von Bedeutung. In Wahrheit ist da nichts, nichts ist geblieben. Es ist einfach nur ein selbstverständliches, natürliches Leben. Es ist, als hätte es nie etwas anderes gegeben. Es ist, als hätte es nie Leid, Identifizierung und eine Geschichte gegeben. Einfach nur Leben, Sein. So viel Freiheit, so viel Friede, so viel Selbstverständlichkeit und Natürlichkeit. Nichts Besonderes.

Auch Worte wie „Erwachen" und „Erleuchtung" führen weg von dem, was wirklich ist. Die Vorstellungen, die damit verbunden werden, zum Beispiel, dass Erwachen etwas ganz besonderes und weit entfernt von dir ist, sind ein großer Irrtum. Das, was ist, was wir sind, unendliches Sein, das ist so natürlich und selbstverständlich. Keine Theorien, keine Beschreibungen, die es möglich machen, über das Verstehen, über den Intellekt das zu erkennen und dessen gewahr zu sein, was ist.

Alles, was ist, ist vollkommen. Das Leben ist vollkommen. Das, was sich in meinem Leben als „Ich" identifiziert hat, hat sich hingegeben an das, was ist. Meine Identifizierungen haben sich hingegeben an das Leben, wie es in jedem Moment ist: Vollkommenheit. Worte wie „Erwachen" und „Erleuchtung" sind nicht zu ernst zu nehmen. In Wahrheit ist da nur Sein, Nichts, Stille und Friede. Auch Begriffe wie „das Nichts, die Unendlichkeit, göttliches Sein, Gewahrsein, Leere, unendliche Liebe, das Eine Sein" sind nur unterschiedliche Versuche, das zu beschreiben, was in Wahrheit ist. Es ist also gut, wenn du dich nicht an einzelnen Worten festhältst.

Vielleicht gibt es Worte, die du besser verstehst und die sich eher mit deinen Vorstellungen decken. Doch all diese Worte sind nicht wirklich von Bedeutung. Was wirklich von Bedeutung ist, ist das, was jenseits dieser Worte und dieser Beschreibungen liegt. Ich dachte immer, Erwachen sei etwas Schwieriges und Kompliziertes, etwas, das weit von unserem „normalen" Leben entfernt ist. Bei mir war und ist es nicht so. Daher kann ich dich ermuntern, deinem Ruf und deiner Sehnsucht nach dem Einen Sein, nach unendlicher Liebe zu folgen, um das zu erkennen, was du in Wahrheit bist. Es ist wirklich möglich. Jetzt. Jetzt, in deinem Leben mit all seinen Begrenzungen und Freuden. Ich kann dich ermuntern, deine Vorstellung zu hinterfragen, dass Erwachen weit entfernt, in der Zukunft und unerreichbar ist. Ich kann dir von der Möglichkeit erzählen, dass auch dir all das widerfahren kann, was mir passiert ist. Es ist wirklich nicht weit entfernt. Wenn dir das alles kompliziert und weit entfernt erscheint, dann wisse, dass dies nur an deinen Vorstellungen liegt und an meinem Unvermögen, das Unbeschreibbare mit einfachen Worten zu beschreiben.

Die erste Version des Manuskripts zu diesem Buch gab ich einer Freundin zum Lesen. Sie ist Rechtsanwältin, hat eine sehr gute Intuition, ist offen und nicht von esoterischen Vorstellungen und Ideologien belastet. Als sie die Hälfte des Manuskripts gelesen hatte, wurde sie wütend. Es ärgerte sie, dass ich keinen direkten Weg aufzeigte, dass ich keine Orientierungshilfe gab. Jeder Anhaltspunkt wird gleich wieder aufgelöst, beschwerte sie sich. Das sei für sie alles voller Widersprüche.

Als ich zum ersten Mal ein Buch über das Erwachen las, legte auch ich es nach kurzer Zeit wütend zur Seite. Es kam mir vor, als verstünde ich gar nichts mehr. Ich war irritiert und hatte keinen Zugang dazu. Am meisten Angst machten mir die Begriffe „Leere" und „Nichts" und die Aussage, dass wir nicht unsere Gefühle sind. Und das, wo ich doch Gefühle für das Salz in der Suppe hielt, für das, was das Leben erst richtig lebendig macht. Das Wort „Liebe" beruhigte mich wieder. Ich suchte nach etwas, woran ich mich festhalten und orientieren konnte. Wochen später zog mich genau dieses Buch wieder an. Plötzlich schien diese trennende, nicht verstehende Schicht wie weggeblasen zu sein. Der Schleier war gelüftet. Ich saugte förmlich jedes Wort in mich auf. Plötzlich verstand etwas viel Tieferes in mir. Die Wut war verschwunden, Dankbarkeit blieb.

Auf der Ebene der Gedanken und Erklärungen können wir die Essenz nicht erkennen. Es gibt keine wirklichen Anhaltspunkte, keine allgemein gültigen Tipps oder Regeln. Es treibt uns zur Verzweiflung, versetzt uns in Wut und macht uns Angst, wenn sich etwas unserem Verstehen, besonders aber unserer Kontrolle und Manipulation entzieht. Es ist ein Wagnis, eine Herausforderung, dem Unbekannten zu begegnen und frei zu sein. Im täglichen Leben finden mich manchmal Menschen seltsam, weil ich nicht wie üblich verhaftet und manipulierbar bin. Doch manches entzieht sich einfach ihrem und meinem Verstehen. Verstehen ist wirklich nicht von Bedeutung. Das Leben offenbart sich wie es ist, unabhängig von unserem Wunsch nach Sicherheit durch Erklärungen. Alles wollen wir erklären, allem wollen wir einen Stempel aufdrücken, nur damit die Angst vor dem Unerklärbaren, vor dem Nichts nicht zum Vorschein kommt. Indem sich das Ego für Gott hält, will es die Hingabe an das Eine Sein, an das Größere vermeiden.

Das kritische Gespräch mit meiner Freundin war ein Geschenk. Ich wusste, dass das Manuskript einer umfassenden Veränderung bedurfte, aber ich wusste noch nicht welche. Sie sagte, dass sie vor allem über meine Geschichten Zugang zu dem bekäme, was vielleicht jenseits davon zu finden wäre. Darüber würde sie gern mehr lesen.

Ich wusste plötzlich, dass dies genau die Veränderung war, die am Manuskript vorgenommen werden sollte. In der ursprünglichen Fassung gab es nur ganz wenige Geschichten aus meinem Leben. Das schien mir unwichtig. Ich spürte sogar einen leisen Widerstand dagegen, diese Geschichten „hervorzukramen", wollte doch von dem erzählt werden, was jenseits unserer Geschichten ist. Dieses Buch zu schreiben war eine große Herausforderung für mich. Immer wieder spürte ich die Grenzen, welche die Sprache mir setzte. Dazu muss ich sagen, dass ich kein großes schriftstellerisches und literarisches Talent mitbringe. Immer wenn mir die Grenzen der Sprache deutlich wurden und die Tatsache, dass die Wahrheit durch Sprache auch verfälscht werden kann, hatte ich den Wunsch, einfach nur mit dir zu sein. Jetzt – ganz direkt und ganz menschlich. Ich wollte dir die Vollkommenheit nicht beschreiben, sondern sie dich durch deine eigenen Augen sehen und im Sein erkennen lassen. Das liegt nicht in „meiner" Macht. Doch ist da unendlich viel Liebe für dich und deinen Weg und das Leben, wie es ist. Manchmal würden weiße, leere Seiten besser ausdrücken, was ist. Aber wir leben nun mal in einer Welt der Worte, der Bücher, der Form, und da wird dieses Buch voll Freude geschrieben.

Die unendliche Freiheit, die Stille und der Frieden sind immer da. Es sind die Schleier unserer Vorstellungen, unserer Identifizierungen und Verstrickungen, die uns nicht erkennen lassen, was immer und auf ganz natürliche Weise da ist. Doch die Zeit des Erwachens ist gekommen. Jetzt werden die Schleier gelüftet. „Ich" bin keine Ausnahme. Es gibt immer mehr Menschen, die erwachen. Immer wieder, auf ganz selbstverständliche Weise. So spreche ich jetzt zu dir. Ich frage nach deiner Sehnsucht, der Sehnsucht nach unendlichem Frieden. Ich frage nach deiner Sehnsucht nach dem Einen Sein.

Natürlich kannst du dieses Buch nur zur Unterhaltung lesen. Dann liest du diese Worte und glaubst, dass all das nichts mit dir zu tun hat. Natürlich kannst du dieses Buch aus reiner Neugier lesen, vielleicht wie einen Roman oder die Zeitung. Du kannst aber auch in Kontakt treten mit mir und meiner Geschichte, mit dir und deiner Geschichte und dann das suchen und finden, was jenseits deiner und meiner Geschichte liegt. Was wenn die Freiheit so nah ist? Was wenn Erwachen jetzt und nicht morgen geschieht? Was wenn du überhaupt nicht stundenlang meditieren oder beten musst? Was wenn es nicht nötig ist, in Askese oder Enthaltsamkeit zu leben? Was wenn du dich dem öffnest und hingibst, was jenseits deiner Vorstellungen und Identifizierungen liegt? Was wenn du hier an dieser Stelle direkt angesprochen bist? Unheimlich, absurd, lächerlich? Vielleicht noch nicht die Zeit? Vielleicht aber doch?

Von Mensch zu Mensch begegne ich dir aus dem Nichts, aus der Unendlichkeit. Hier gibt es mich als einzelne getrennte Person nicht, genauso wenig wie dich oder etwas anderes. Es ist einfach Sein. Und dennoch gibt es auf der menschlichen Ebene meinen Körper, dieses Leben. Ich schreibe immer wieder, dass etwas geschieht, zum Beispiel Lachen, Traurigkeit, Handlung. Damit soll verdeutlicht werden, dass es ein „Ich", das wirklich etwas unter Kontrolle hat, nicht gibt. Es gibt keine getrennt handelnde Person. Ich wähle diese Worte auch, um aus dem Sein jenseits der Worte zu erzählen und das über die Sprache deutlich zu machen, soweit es möglich ist. Würdest du im Alltag mit mir reden, würde dir wahrscheinlich nichts auffallen. Denn da sage ich „ich" und „du". Ich sage auch, dass ich etwas tue, bin mir aber dennoch bewusst, dass Handeln geschieht und dass es eine getrennt handelnde Person nicht gibt. Ich sage zum Beispiel, dass ich gerade an einem Buch schreibe, obwohl es in Wahrheit geschrieben wird. Das heißt aber nicht, dass das, was hier beschrieben wird, kompliziert ist.

Wenn du beim Lesen zwischendurch verwirrt bist, öffne dich einzig und allein diesem Moment. Hier, jetzt, ist nur Stille, Friede, Nichts, Einfachheit. Es ist einfach nur das Eine Sein.

Halte nichts von dem, was hier geschrieben steht, für die absolute Wahrheit. Finde das, was jenseits aller Beschreibungen, Vorstellungen und Geschichten liegt. Was ist, lässt sich nicht verstehen, nicht beschreiben und auch nicht durch intellektuelles Wissen erfassen. Es sind die Erfahrungen und Ereignisse deines Lebens, die dich lehren und erkennen lassen. Beschreibungen sind einfach nur Beschreibungen. Worte sind einfach nur Worte. Meine Geschichte ist einfach nur eine Geschichte. Sie kommt und sie geht. Das, was ewig ist, ist die Unendlichkeit. Es ist Sein, Einssein, das Nichts. Das ist das, was wir sind. Stille, Sein, das Nichts jenseits der Worte.

Hier ist alles vollkommen.
Hier spielt erwacht oder nicht erwacht,
du oder ich keine Rolle.
Reine Essenz, reines Sein, das Nichts.
Nichts, was du verfehlen könntest.
Nichts, was du nicht schon bist.
Hingabe an das Leben, Hingabe an das, was ist.
Sterben von Wünschen und Vorstellungen.
Die Stille, Freiheit, jetzt.
Du, ich, nichts davon ist wahr.
Stille, Freiheit, Liebe und Frieden ist.

Sehnsucht und Suche

Es gab keine bewusste, lange Suche nach „Erleuchtung" und Erwachen. Ich suchte nur nach der Einheit, nach dem Einssein, nach unendlicher Geborgenheit und Liebe. Ich habe das nie mit „Erleuchtung" in Verbindung gebracht. Erleuchtung schien mir abgehoben, in weiter Ferne, unerreichbar. Allerdings hatte ich schon immer auf extreme Weise nach Frieden gesucht, nach jenem Einen Sein, dem mein ganzes Sehnen galt und an das ich mich erinnerte. Selbst in Zeiten, in denen ich an nichts „Göttliches" glaubte, verfolgte mich diese brennende Sehnsucht. Die Erinnerung war so intensiv, dass ich einen entsetzlichen Trennungsschmerz empfand. Der Schmerz, den ich empfand, weil ich scheinbar aus dem Einen Sein gefallen war, war stärker als irgendein Schmerz je hätte sein können.

Ich war ein extrem sensibles und verletzbares Kind, ein Kind mit einem ausgeprägten Sinn für Wahrheit und einem starken Bedürfnis, zu lieben und geliebt zu werden. Als ich drei Jahre alt war, hatte ich zum ersten Mal bewusst das Gefühl, aus dem Paradies, aus der Einheit gefallen zu sein. Während meine Mutter mit meinem Bruder Christoph schwanger war, gab es Komplikationen und sie musste ein halbes Jahr ins Krankenhaus. Sie „verließ mich" mitten in der Nacht. Als ich am nächsten Morgen aufwachte, war sie einfach nicht mehr da. Sie konnte sich nicht einmal mehr von mir verabschieden. Ich sah sie ein halbes Jahr lang nicht, weil Kinder damals keine Besuche im Krankenhaus machen durften. Am nächsten Tag wurde ich zu meiner Oma gebracht. Fast zwei Tage lang schrie und weinte ich nur und war nicht zu beruhigen, obwohl sich meine Oma, meine Tante und meine Cousinen sehr viel Mühe gaben. Ich wollte nur zu meiner Mutter. Schließlich fühlte ich mich mit meiner Oma doch sehr wohl. Sie wurde in dieser Zeit eine Art Ersatzmutter für mich. Dennoch hatte ich das Gefühl aus der Einheit gefallen zu sein. Es war für mich, als sei meine Mutter gestorben.

Das Gefühl, aus der unendlichen Liebe gefallen zu sein und das Eine Sein verzweifelt zu suchen, kam immer wieder. Es schien eine ganz alte tiefe Erfahrung zu sein, noch tiefer und älter als alles, was ich in diesem Leben erfahren und erlebt hatte. Sie schien nur den vertrauten Grundkonflikt deutlich werden zu lassen und selbst so etwas wie ein Urkonflikt zu sein – der Urkonflikt der Menschheit.

Als Kind spielte ich immer wieder Tod. Ich machte alles so, wie ich es über tote Körper gehört hatte. Ich legte ich mich stock- steif auf den Boden und versuchte nicht zu atmen. Doch obwohl ich verzweifelt versuchte, Körperhaltung und Atmung zu perfek- tionieren, geschah einfach nichts. Ich war enttäuscht, denn was nach dem Tod passieren würde, interessierte mich sehr. Doch noch stärker, noch selbstverständlicher begleitete mich diese starke Sehnsucht und diese Erinnerung an unendliches Sein, unendli- che Liebe.

Ich bin in einer angespannten familiären Situation aufge- wachsen. All die Streitereien und Disharmonien waren mir unver- ständlich. Ich hatte diese unbeschreibliche Sehnsucht nach Liebe und Frieden. Oft fühlte ich mich fremd (Barbara heißt „die Frem- de"), als wäre ich falsch gelandet in dieser Welt voller Leid. Alles nahm ich übersensibel wahr. Selbst in Auseinandersetzungen, die gar nichts mit mir zu tun hatten, verließ ich manchmal den Raum und weinte. Gedanken und Gefühle anderer nahm ich überdimen- sional stark wahr. Vor der verdichteten Welt hatte ich oft Angst. Manchmal, wenn meine Eltern Besuch hatten, versteckte ich mich schüchtern unter der Küchenbank. Dennoch war ich alles andere als ein zerbrechliches und unsicheres Kind. Nicht selten prügelte ich mich mit meinem Bruder, war draufgängerisch und hatte einen sehr starken Willen. Ich kletterte, rannte und tobte, spielte gern Fußball, während Puppen mir völlig egal waren. Doch die Sehnsucht war immer da, die Sehnsucht nach Frieden, nach der Auflösung in unendlicher Liebe.

Extrem wurde diese Sehnsucht in der Pubertät. Ich war depressiv, gefangen in Schmerz und Leid. Jahrelang trug ich ausschließlich schwarze Kleidung. Das Leben war die absolute Hölle für mich, nicht zu steigern. Verzweifelt suchte ich nach jener Liebe, nach dem Einssein, an das ich mich erinnerte. Es schien nicht auffindbar. Was immer es in meinem Leben gab, hatte keine Bedeutung. Ich wies alles zurück. Der Schmerz war so groß. Ich schwänzte tage- und wochenlang die Schule, hatte keine Kontakte mehr, bis auf den zu einer guten Freundin, und sprach mit niemandem. Ich verbrachte Stunden, Tage, Monate, Jahre, allein und schweigend in der Natur oder in meinem Bett. Alles Menschliche kam mir so lapidar vor. Ich sah keinen Sinn im Leben. Nur Liebe, Friede und das Eine Sein wollten gefunden werden. Alles andere war nicht von Bedeutung.

Aus diesem Gefängnis des unbeschreiblichen Leidens schien es keinen Ausweg zu geben. Es wurde immer unerträglicher. Nichts von dem, was das Leben zu bieten hatte, interessierte mich. Alles war unwichtig. Auch in der tiefsten Verzweifelung gab es nie ein Interesse an Betäubung durch Alkohol, Drogen, Rauchen oder Partys. Es gab kein Interesse an der Schule, an Beziehungen und Kontakten. Auch kein Interesse am Leben. In diesen Jahren kreiste alles nur um die Fragen: Macht das Leben einen Sinn? Will ich überhaupt weiterleben? Im Vergleich zu diesen Fragen ließ mich alles andere kalt. Ohne das totale Verschmelzen, ohne die unendliche Liebe wollte ich nicht leben. Es gab für mich nur zwei Möglichkeiten: die unendliche Liebe zu finden oder mich aus dem Leben zu verabschieden. Die Möglichkeit eines Kompromisses zog ich nie in Erwägung. Das war erschreckend radikal, was meine innere Not noch verstärkte. In meiner Verzweiflung hatte ich nur den Wunsch, diese unendliche Dunkelheit und diesen unerträglichen Schmerz zu beenden. Ich wollte meinen Körper töten. Als ich achtzehn Jahre alt war, machte ich einen gezielten Versuch. Im Tod hoffte ich, den Frieden und die Liebe endlich zu finden. Im Leben, soviel schien klar, würde ich beides jedenfalls nicht finden.

Nach diesem ersten Versuch, meinen Körper zu töten, den ich erstaunlicherweise überlebte und der auch keine körperliche Schädigung nach sich zog, hatte ich noch ein weiteres Jahr lang Selbstmordgedanken. Doch während sie vorher täglich da waren, tauchten sie jetzt immer seltener auf. Der Versuch, meinen Körper zu töten, erwies sich auf unerklärliche Weise als eine Einweihung ins Leben. Das Leben rief. Viele Jahre lang erfuhr ich Heilung in verschiedenen Seminaren und Therapien. Langsam aber stetig verwandelte sich das einstige Horrorszenario in ein sehr glückliches Leben. Es waren Jahre manchmal harter, aber auch spielerischer Arbeit an den Themen meines Lebens. Ich wollte Liebe, Frieden, Glück und Freiheit wirklich finden. Es kam nicht in Frage, vorher Halt zu machen. Die Erfahrung des extremen Leidens in Verbindung mit der Sehnsucht nach Frieden und Unendlichkeit bewirkte, dass ich jetzt alles auf eine Karte setzte. Es war mir nicht möglich, mich mit weniger zufrieden zu geben. Das Leben wollte nicht vernebelt und wie im Schlaf gelebt werden. Ein Leben mit erträglichem Leid und kurzfristigen Höhepunkten wollte ich nicht. Es war nicht einmal so sehr eine Frage des Wollens. Es schien gar keine Entscheidungsmöglichkeit zu geben. Es gab keine Wahl.

Dann fand in vielen Jahren die Befreiung aus den Verstrickungen und Illusionen statt. Gleichzeitig verstärkte sich das Gewahrsein des Friedens, des Einen Seins, besonders durch den Kontakt zur geistigen Welt. Anfangs gab es intensive, überwältigende „Licht- und Gotteserfahrungen". Mit der Zeit wurde das Gewahrsein immer unspektakulärer und immer selbstverständlicher. Auf einmal gab es keine Zeiten der Anwesenheit oder Abwesenheit von unendlicher Liebe mehr. Es gab keine einzelnen Erfahrungen der Unendlichkeit mehr. Sie wurden zu einem einzigen

Sein. Ohne Anfang, ohne Ende. Zu einem Sein, das immer ist, während die Erfahrungen meines Lebens kommen und gehen.

Die Welt ohne Form war mir immer sehr vertraut. Auf den inneren Reisen, die manchmal Bestandteil der Seminare waren, die ich besuchte, nahm ich meistens keine Formen wahr. Nur manchmal etwas Farbe, Bewegung, Energielinien, Spiralen und Frieden und Glückseligkeit. Anfangs erwartete ich, Bilder zu sehen. Aber ich hatte keine Lust, mich darum zu bemühen, fühlte ich mich doch in diesem Sein ohne Form so wohl. Hier war ich als Person mit einem Körper nicht mehr existent. Da war nichts und wenn überhaupt, dann nur Energiebewegungen.

Auch auf Reisen zu „meinem" Ursprung, nahm ich alles ohne Form wahr. Da war nur unendlicher Friede, unendliches Sein. Es gab etwas, das als stille Ekstase empfunden wurde. In der Arbeit als Channelmedium war ich immer wieder in diesem vertrauten Sein. Nachdem Worte übermittelt worden waren, gab es noch das Verweilen in der unendlichen Liebe, in der Stille des Nichts. Das war so vertraut, so lange herbeigesehnt und jetzt auf einmal bewusst erfahrbar. All das was ich in Zeiten der Verzweiflung gesucht hatte und nicht zu finden glaubte, fand ich jetzt mitten im Leben. So viel Gnade. Gnade war auch das Leiden, denn es ließ die Suche so wichtig und „überlebensnotwendig" werden. So konnte die kraftvolle Befreiung aus den Verstrickungen meines Lebens stattfinden. Die Sehnsucht nach der Unendlichkeit, nach unendlichem Frieden war so groß, dass wirklich systematisch alle großen Verstrickungen in mir konfrontiert wurden. Der Wunsch, mich zu befreien stand über allem. Die Bereitschaft, die Herausforderungen des Lebens anzunehmen, wuchs stetig. Es gab zwar ein Interesse an spirituellen und religiösen Themen. Doch gleichzeitig ging ich ganz „normal" mit den alltäglichen Problemen meines Lebens um. Der Alltag war der Wegweiser. Erkennen fand durch das Leben statt, durch Ereignisse und Erfahrungen, durch beobachten und überprüfen.

Ich hatte nie großes Interesse an rein intellektuellen Theorien. Meine Allgemeinbildung ist katastrophal. Das Ansammeln von intellektuellem Wissen empfand ich als Zeitverschwendung. Vielmehr gab es ein Verlangen, eine starke Notwendigkeit, hinter die Dinge zu schauen und zu erkennen, was wirklich ist. Die Sehnsucht nach einem Leben in innerem Frieden und unendlicher Liebe nahm meine ganze Aufmerksamkeit in Anspruch. Selbst heute weiß ich nur sehr wenig über politische und kulturelle Ereignisse. Dieser Körper, diese Geschichte war von Anfang an extrem auf die Suche nach unendlicher Liebe ausgerichtet. Es gab das Gefühl, dass mich anderes vom Wesentlichen ablenken würde.

Der Weg der intellektuellen Theorien kann für manche Menschen durchaus auch zum Wesentlichen führen. Hier geht es nicht um richtig oder falsch. Ich schildere nur, wie sich unendliches Sein in meinem Leben zum Ausdruck bringt. Aus der „normalen" Perspektive betrachtet, geschah in meiner Pubertät viel scheinbar Unverständliches. Es zog mich oft genau dahin, wo ich nicht hingehen wollte. Ich fühlte mich oft gezwungen, dem Ruf der Sehnsucht zu folgen, hilflos und ausgeliefert. Es gab unglaublich viel Schmerz und Kampf, weil so viele Glaubens- und Bewertungssysteme in mir das, was geschah, für falsch hielten und verurteilten. Der strenge Richter in mir erwartete, dass ich so funktionierte wie alle „normalen" Menschen zu funktionieren schienen. Ich glaubte, so wie ich war, nicht richtig zu sein. Weil der Ruf des Einen Seins so laut war und ich mich gleichzeitig vehement dagegen wehrte, erlebte ich große Spannungen. Es brachte mich zur Verzweiflung, dass es etwas gab, das von meinen Gedanken und Gefühlen nicht bezwungen werden konnte.

Das Unbezähmbare, das nicht Manipulierbare machte mir Angst. So viel Leid und so viele Schwierigkeiten erwuchsen aus Verurteilung und Schuldzuweisung im Kampf gegen das, was geschehen wollte. Früher konnte ich das, was geschah, nicht akzeptieren. Die Vollkommenheit meines Weges wurde erst sichtbar, als ich mich nicht mehr sträubte und nicht mehr dagegen ankämpfte. Jeder Weg ist vollkommen, auch deiner. Egal ob Leid, Unglück, Schmerz, Verlust, Verzweiflung, Gnade, Freude oder Liebe geschieht – er ist vollkommen. Immer mehr fand sich das, wonach ich suchte. Was für eine unglaubliche Kraft sich ausbreiten konnte, wenn ich sie nicht zu bezwingen versuchte. Klarheit und Liebe konnten sich entfalten. Das Vertrauen wuchs. Viele „kranke" Glaubenssätze gingen, einige blieben. Aber was ist schon krank, was gesund? Sie werden jedenfalls nicht mehr genährt. Ihnen wird kein Glauben mehr geschenkt. Verstrickungen lösten sich Schritt für Schritt.

Ich wollte mich wirklich befreien. Ich wollte das eine Sein finden. Ich hatte keine Lust, Zeit zu verschwenden, obwohl ich nicht in Eile war. Es gab keine Impulse, die Welt verändern zu müssen. Es gab nur den Impuls, mich dem Meer der Unendlichkeit hinzugeben, dem Einen Sein. Auf einmal gab es die Überzeugung, das Leben müsse anders sein, nicht mehr. Immer mehr erkannte ich die Vollkommenheit dessen, was ist. Nicht die Welt wollte ich verändern; ich wollte mich befreien und das Leiden beenden, das ich in jungen Jahren so intensiv erlebt hatte. Ich spürte nur den Auftrag, mich selbst in die Unendlichkeit, in das Eine Sein zu führen. Das war der innere Auftrag: der Sehnsucht zu folgen, der Sehnsucht nach dem Einssein. Es war kein bewusster Auftrag. Ich konnte nicht anders. Es geschah. Es war so brennend, dass es keine Wahl gab. Es war der Weg, den ich gehen sollte, ob ich wollte oder nicht. Es war keine Frage von Ja oder Nein, auch nicht, wenn ich mich mit meiner „persönlichen Macht" dagegen auflehnte. Es geschah immer, was geschehen sollte. Auch wenn ich glaubte, mich entscheiden zu können.

Vor einigen Jahren gab es zwar die bewusste Entscheidung, dem Göttlichen zu dienen und Ihm alles Persönliche hinzugeben. Doch das ist in unendlichem Gewahrsein keine persönliche Entscheidung mehr. Es gibt jetzt auch nichts mehr, was erzwungen werden will, niemanden, der etwas erzwingen oder verlangen könnte. Die Welt des Friedens wurde gefunden. Sie war und ist immer und ewig. Sie existiert jetzt und überall, ob Krieg oder Frieden ist, Traurigkeit oder Auseinandersetzungen. Das, wonach du dich sehnst, ist immer da, ohne dass sich etwas an den äußeren Ereignissen verändern müsste. Unendliches Sein, wahrer Friede ist auch in Traurigkeit und in Schmerz. Es ist auch in deinem Leben, immer. Meine Geschichte mit all ihren Ereignissen, Gedanken, Gefühlen und Egospielen ist vollkommen, genau wie deine. Zu jeder Zeit. Keine Ausnahme. Kein Fehler. Vollkommen. Nichts an meiner Geschichte ist besser oder schlechter als etwas an deiner. Ob erwacht oder nicht erwacht, ist nicht von Bedeutung. Alles ist vollkommen. Nichts, was verpasst oder falsch gemacht werden könnte. Keine Notwendigkeit des Vergleichens.

Erwachen ist nicht weit von dir entfernt. Erwachen ist nah. Erwachen geschieht. Das, was du in Wahrheit bist, ist immer, ewig und unausweichlich. Es ist. Es ist das, was du bist. Es ist so selbstverständlich. Es ist so vertraut. Nichts, was du verpassen könntest. Nichts, was du nicht finden könntest. Nichts, was du neu lernen müsstest. Nichts, was du dir hart erarbeiten musst. Nichts, was nicht schon da ist. Nichts, was du nicht schon bist. In Wahrheit gibt es nur unendliches Sein, nur Liebe. Keine erwachten und nicht erwachten Menschen. Da ist nichts. Wisse, wenn du „erwachten" Menschen begegnest, Geschichten hörst oder Bücher liest, dass nichts ein Zeichen dafür ist, dass du noch so weit davon entfernt bist.

Wir sind immer nur das Eine Sein, die Unendlichkeit. Ob wir erwacht sind oder nicht, macht keinen wirklichen Unterschied. Nur auf der Ebene der Erscheinungen gibt es den Unterschied, dass der „Erwachte" des Einen Seins gewahr ist, während sich der Nicht-Erwachte seiner wahren Essenz nur nicht bewusst ist. Beide sind und waren immer nur das Eine Sein. Der Nicht-Erwachte leidet unter seiner Unwissenheit. Doch von wie vielen Schleiern und Verirrungen er auch umgeben sein mag, das kann niemals etwas daran ändern, dass auch der „Schlafende" bereits unendliches Sein, vollkommene Liebe ist. Es wird nur nicht bewusst erkannt.

Vertraue also dem Ruf, der Sehnsucht in dir. Die Sehnsucht und die Erinnerung an das, was du in Wahrheit bist, weist dir den Weg. Dem, was jenseits der Worte, der Verstrickungen und der Formen liegt, gilt es zu vertrauen. Da ist das wahre Sein, das Nichts. Du wirst dich finden und dich auflösen im Meer der Unendlichkeit. Egal wie. Egal wann. Denn das, was du suchst, bist du bereits. Es gibt so viele individuelle Wege der Erkenntnis. Und nichts ist ein Beweis für irgendetwas.

Alles ist Liebe

Liebe ist. Liebe ist alles, was ist. Hier geht es nicht um das, was wir normalerweise unter Liebe verstehen, sondern um unpersönliche Liebe, die von nichts abhängig ist: Liebe, die keine Bedingungen stellt. Liebe, die einfach ist. Liebe, die das Göttliche, das Nichts, das Selbstverständliche, das Vollkommene in allem ist. Liebe ist oft mit romantischen Vorstellungen verbunden. Wahre Liebe ist einfach nur das, was ist, das Gewahrsein des Unendlichen in allem. Liebe ist nicht abhängig von Geschichten und Vorstellungen über sie oder von besonderen Merkmalen, an denen sie zu erkennen ist. Liebe ist die Essenz dessen, was ist.

Ich und du, wir sind Liebe. Liebe ist überall. Da ist nur Liebe. Durch die Erfahrungen, die ich in meinem Leben machte, konnte ich immer mehr die Unendlichkeit der Liebe erkennen. Je mehr Verstrickungen, Illusionen und Unwissenheit gingen, desto mehr Liebe war da, überall, bis nichts mehr blieb als Liebe.

Viele Erkenntnisse der Liebe geschahen in dem Kontakt mit der geistigen Welt und mit Guido, meinem Mann. Als ich Guido kennen lernte, war ich einundzwanzig, hatte schon viele Enttäuschungen mit Männern erlebt und die Hoffnung auf eine wirklich tiefe Liebesbeziehung bereits aufgegeben. So viel Schmerz und so viel Leid hatte ich erfahren, weil meine Vorstellungen und Erwartungen enttäuscht worden waren. Das Thema war für mich beendet – auf eine tiefe Beziehung wollte ich mich nicht mehr einlassen. Denn wie im Märchen hatte ich mich immer nach einem Mann gesehnt, einem Prinzen, nach der totalen Ergänzung zu mir selbst, nach der ganz großen Liebe. Und wenn ich sie endlich finden würde, so glaubte ich, sei es mit meinem Leiden schlagartig aus und vorbei. Romantische, verspielte Vorstellungen waren das und sehr tiefe und intensive Gefühle. Ich fühlte, dass es eine vollkommene Ergänzung zu mir geben müsse. Ich wusste um eine tiefe Liebe, die auf mich wartete.

Als Kind war ich fest davon überzeugt, dass es einen Zwilling, eine Ergänzung zu mir geben müsse. Und das, obwohl ich keineswegs verträumt, sondern durchaus realistisch, sogar eher phantasielos war. Erst mit etwa zwölf Jahren wurde mir klar, dass das wirklich nur eine Illusion ist. Wo sollte dieser Zwilling herkommen? Wo sollte er sein, da ich doch ohne Zwilling geboren wurde? Damit war das Thema erledigt. Doch die Qualität dieses Wunsches, das Wissen darum blieb erhalten. Später verwandelte sich dieser Wunsch in den Wunsch nach der großen Liebe in Gestalt eines Mannes. Von ihm erhoffte ich mir die Vollendung durch Liebe und ein Leben in Frieden und Glück. Genau das geschah nicht. Es gab zwar diesen Wunsch, aber Gott sei Dank kam es zunächst zu vielen Enttäuschungen, Verletzungen und zu Verzweiflung. Verzweiflung darüber, dass ich das, was ich suchte, nicht einmal im Ansatz zu finden schien.

Ich hatte hohe Erwartungen, die natürlich alle nicht erfüllt wurden. Gefangen in diesen Illusionen, nahm ich den Schmerz um so deutlicher wahr. Hinzu kam, dass ich auf einen Retter wartete, auf jemanden, der mich aus einem unglücklichen Leben erlösen würde. Ich hatte größte Schwierigkeiten mit mir selbst. Kein Wunder also, dass ich nur schwierigste Erfahrungen mit Männern anzog. So war ich an einem Punkt angekommen, wo ich mich auf keine tiefe Beziehung zu einem Mann mehr einlassen wollte. Ich war plötzlich überzeugt, nichts von dem, wonach ich mich sehnte, in einer Beziehung mit einem Mann finden zu können. Ich glaubte, dass all mein Sehnen Illusion und viel zu romantisch sei. Ich glaubte, dass die Suche nach tiefer Liebe in einer Beziehung wieder nur Schmerz bringen würde. Weil ich diesen großen Schmerz erfahren hatte, war ich sehr extrem geworden. Ich wollte entweder diese unendliche Liebe finden oder mich auf gar keine tiefe Beziehung zu einem Mann mehr einlassen. Und weil ich ja überzeugt war, die unendliche Liebe in keiner Beziehung finden zu können, schien die einzig logische Konsequenz, die Suche nach einer tiefen Liebesbeziehung für immer aufzugeben. Möglich erschienen mir nur noch erotische Affären und kurze intensive Begegnungen.

Doch auch das gestaltete sich schwieriger, als ich es mir vorgestellt hatte. Ich war nämlich überhaupt nicht in der Lage, mich nur oberflächlich einzulassen. Mit meinen einundzwanzig Jahren glaubte ich wirklich, keine Beziehung mit einem Mann mehr eingehen zu wollen. Eines Abends war ich mit einer Freundin und meinem Bruder in einer lateinamerikanischen Kneipe. Nachdem ich schon Stunden wild zu Salsamusik getanzt hatte, fühlte ich plötzlich, dass zwei Augen von einer Empore zu mir herunterblickten. Plötzlich sah ich nur noch diese Augen. Es war wie ein Zwang, dort hinschauen zu müssen. Ein Gesicht konnte ich nicht erkennen. Es war auch nicht wichtig. Immer wieder wurde ich von diesen Augen magnetisch angezogen. Und dann schaute ich wieder weg und tanzte.

Später sah ich einen Mann auf der Tanzfläche. Ich war fasziniert von seinen Bewegungen. Sie waren von einer bemerkenswerten Selbstverständlichkeit und brachten eine ungewöhnliche Kombination aus Sensibilität, Sanftheit, Ruhe und männlicher Kraft zum Ausdruck. Ich beobachtete ihn als einen interessanten „Bewegungsfall". Es gab zunächst keine bewusste Anziehung auf der Mann-Frau-Ebene. Er war nicht „mein Typ" und das Thema Männer war sowieso schon abgehakt. Von der Empore aus hatte er mich wohl schon den ganzen Abend beobachtet. Im Laufe des Abends sprach er mich an und brachte mich damit zum Lachen. Dann sprachen wir die ganze Nacht über unsere Familien, unser Leben, unsere Probleme. Für Menschen, die sich nicht zu kennen schienen, waren wir ungewöhnlich vertraut. Ich freute mich sehr, denn zum ersten Mal konnte ich mit einem Mann wieder einfach nur freundschaftlich sein. Er sah das etwas anders und suchte schon am ersten Abend körperliche Nähe – was ich vehement zurückwies. Als die Kneipe um fünf Uhr morgens schloss, hatten wir uns noch so viel zu erzählen. Also gingen wir in ein Cafe, das noch offen hatte. Dort schaute Guido mich mit einer solchen Intensität an, dass ich mich gleichzeitig angezogen und stark verunsichert fühlte. Ich bat ihn, mich nicht so direkt und ohne Unterbrechung anzuschauen. Er tat es trozdem, als hätte ich nichts gesagt. Plötzlich tauchte aus dem Nichts, zusammenhanglos wie oft, einer dieser unverständlichen und scheinbar sinnlosen Sätze in meinem Innern auf: „Wenn ich heirate, muss mich dieser Mann so anschauen." Völlig absurd, da ich doch niemals heiraten wollte.

Nach einigen Umwegen näherten wir uns mehr und mehr einander an. Guido blieb unerschütterlich in seiner Liebe zu mir. Ich konnte ihn nicht verschrecken, obwohl ich eine breite Palette von Abschreckmanövern ins Spiel brachte, die sich sonst immer als sehr erfolgreich erwiesen hatten. Meine Angst, mich auf ihn einzulassen, ließ ich ebenso an ihm aus wie meine Wut auf Männer. Ich wusste, dass ich Männer mit einem einzigen Satz erfolgreich auflaufen lassen und abschrecken konnte, wie sehr sie auch in mich verliebt sein mochten. Guido war der erste, der sich davon nicht wirklich beeindrucken ließ. Er war einfach da. Egal, wie sehr ich ihn zu verletzen und zurückzuweisen versuchte. Seine Liebe war so stark, dass sie mein Herz berührte. Doch je deutlicher ich spürte, wie groß auch meine Liebe zu ihm war, desto stärker wurde meine Weigerung, mich ganz auf ihn einzulassen. Ich versuchte immer wieder, ihn zu provozieren und zu testen. Doch er war einfach da, voller Liebe, unbeeindruckt von all den bunten Inszenierungen, die ich ihm präsentierte. Ich wollte ihm und mir beweisen, dass er mich ja doch nicht wirklich liebte und ich ihn schon gar nicht. Spiele der Angst, Spiele der Macht. In den ersten beiden Jahren unserer Beziehung ließ ich mich immer wieder mal auf Flirts mit anderen Männern ein. Dadurch erzeugte ich sehr viel Leid. Und das, obwohl inzwischen längst nicht mehr zu übersehen war, wie sehr ich Guido liebte, wie glücklich wir waren und wie viel Wachstum, Unterstützung und Liebe geschah. Es war das Gefühl, nach Hause gekommen und wirklich da zu sein. Sein Geruch war der Himmel für mich. Ich saugte ihn förmlich in mich auf, um noch tiefer in diese Liebe zu fallen. So viel Liebe, so uneingeschränkt, so beständig, trotz aller Turbulenzen. Nichts, was ich tat, konnte diese Liebe zerstören.

Es war verrückt. Auf der einen Seite gab ich alles für diese Liebe und auf der anderen unternahm ich alles, um sie zu zerstören. So groß war die Angst. Wenn ich mich auf einen Flirt mit einem anderen Mann einließ, erzählte ich ihm von meiner glücklichen Beziehung mit Guido, den ich nicht verlassen würde. Das stand außer Frage, denn in unserer Beziehung hatte ich wirklich Liebe gefunden. Dennoch brauchte ich den Kick, den mir die Flirts mit anderen Männern gaben. Es war wie eine Sucht. Einmal hatte ich eine Affäre mit einem Mann, der auch wusste, dass ich Guido liebte, insgeheim aber hoffte, mich doch ganz für sich gewinnen zu können. Aus dieser kurzen Romanze erwuchs sehr viel Schmerz – für diesen Mann, für Guido, aber auch für mich: So viel Leid als Preis für einen erotischen Rausch, der nur ein paar Tage dauerte. Mir wurde bewusst, dass etwas in mir nicht im Gleichgewicht war. Als ich einer guten Freundin von dieser starken Anziehung erzählte, derer ich mich irgendwie nicht erwehren konnte, sagte sie, dass ich wie ein Alkoholiker spreche. Ich arbeitete zu dieser Zeit gerade mit obdachlosen Alkoholikern. Das zu hören, war zunächst hart, aber dann fühlte ich mich erleichtert. Ich konnte meine Suchtstrukturen plötzlich klar erkennen und auch, wie ich die Verantwortung abgab, indem ich mich einem Rausch der Anziehung ausgeliefert fühlte.

Das wollte ich nicht mehr. Die Liebe, die Gnade unserer Beziehung war wichtiger. Ich musste mich mit dieser Sucht konfrontieren – für mich selbst, aber auch für unsere Beziehung. Ich war nicht mehr bereit, dieses sinnlose Leid zu erzeugen. Ich wollte mir nicht mehr vormachen, dass ich nur der Anziehung folgte, als hätte ich keine Wahl. Mir wurde auch deutlich, dass ich Angst hatte, mich ganz in die Liebe mit Guido fallen zu lassen, vollständig ja zu ihm zu sagen. Und ich hatte Angst, von Guido verlassen zu werden, wenn ich mich ganz einlasse und kein Hintertürchen mehr offen halten würde. Ich konfrontierte das in mir, was ich in diesem Rausch suchte, und öffnete mich dafür in mir selbst und in der Beziehung mit Guido. Die Zeit war gekommen, den romantischen Gefühlen der Anziehung nicht mehr nachzugeben und zu erkennen, dass ich nicht diese Gefühle bin. Ich erkannte auch, dass Gefühle wie eine Welle kommen, die wieder abflaut, wenn ich mich nicht darauf zu bewege und einfach ruhig bleibe.

Für mich war diese Erkenntnis ungeheuer hilfreich, hatte ich der Welle der Anziehung doch immer gleich nachgegeben. Jetzt sah ich mich vor die große Herausforderung gestellt, diesen Sog, diese Sucht zu spüren und einfach nicht zuzugreifen, sondern ganz ruhig zu bleiben. Ich nahm die Wellen der Gefühle, die Kraft der Anziehung wahr, die sich dann einfach wieder auflöste. Das war nicht einfach, denn es gab immer noch Anziehung, die lockte. Aber ich folgte ihr nicht mehr. Ich blieb einfach stehen. Es war eine Befreiung zu erkennen, dass ich die Verantwortung hatte und dass etwas größer war als diese Anziehung. Nach einiger Zeit gab es nicht einmal mehr Wellen der Verführung. Sie hatten überhaupt keine Chance mehr, weil nichts mehr darauf ansprach. Es gab keine Resonanz mehr.

Zwei Jahre später heirateten wir. Und diesmal war es ein uneingeschränktes Ja zur Liebe, zu Guido und zu mir selbst, besonders aber eine Einladung an das, was größer ist, uns zu begleiten, zu führen.

Aus der Erfahrung habe ich gelernt, dass ich nicht auf jede Welle von Gefühlen und Gedanken aufspringen muss. Diese Wellen kommen und gehen. Gefühle kommen und gehen. Stille ist. Essenz ist und bleibt unberührt von den Gefühlen, die zu locken scheinen. Sie kommen und gehen und wenn sie nicht berührt werden, weil sich niemand mit ihnen identifiziert, geschieht nichts. Nur ein Gefühl, jedes Gefühl willkommen. Alles willkommen, alles Liebe.

Die uneingeschränkte Liebe, die Guido mir von Anfang an schenkte, half mir, mich und das Leben immer mehr zu lieben. Als wir uns kennen lernten, schien die Liebe für mich verloren. Aber sie kam wieder, weil sie nie wirklich gegangen war. Guido lehrte mich, mich selbst zu lieben, egal, was passierte. In unserer Beziehung gab es Herausforderungen, Auseinandersetzungen, schmerzhafte Lektionen und Entwicklung auf beiden Seiten. Wir durchlebten die Themen und die Dynamik unserer Familien aufs Neue. Doch in all diesen Krisen erlebten wir auch, dass etwas in uns unberührt, unverletzt und unzerstörbar blieb. Wir bezeichneten es als Liebe.

Was immer auch geschehen war, nichts hatte zerstören können, was uns verbindet, keine Verletzungen, keine Kritik, keine Zweifel, auch keine Trennung. Es gibt etwas, das viel kraftvoller und stärker ist als all das. Immer wieder machten wir die Erfahrung, dass etwas immer unberührt und unzerstört blieb, ohne dass uns klar gewesen wäre, was diese Erfahrung in letzter Konsequenz bedeutete. Die Erkenntnis, dass uns etwas verbindet, das viel größer ist als alle Verletzungen, stellte sich einfach ein, ohne dass wir sie beabsichtigten oder hätten einordnen können. Sie war einfach da, unabhängig von allem anderen.

Wir lernten voneinander, miteinander, waren Partner und Freunde. Zum ersten Mal in meinem Leben tauchte das Wort Gnade immer wieder in mir auf, obwohl es eigentlich ein fremder Begriff für mich war. Allmählich wurde mir klar, was er bedeutete. Zum ersten Mal nach diesen extremen Jahren des inneren Kampfes und der Verzweiflung spürte ich, dass mir etwas wahrlich Vollkommenes geschenkt worden war. Ich hatte zu keinem Zeitpunkt das Gefühl, mir diese unendliche Liebe, diese unglaubliche Übereinstimmung und die Heilung, die aus unserer Beziehung erwuchs, „verdient" zu haben. Erst recht nicht, wenn ich andere Menschen sah, die diese Vollkommenheit in einer Beziehung einfach nicht finden konnten, auch wenn sie sich noch so sehr darum bemühten. Und uns wurde sie einfach geschenkt. Als wir uns kennen lernten, war ich sicherlich nicht sehr beziehungsfähig. Vieles in meinem Leben war in Unordnung. Ich hatte das Vertrauen in eine Liebesbeziehung verloren, war süchtig nach flüchtigen Romanzen und immer noch ein wenig depressiv. „Ich" hatte mir das nicht verdient. „Ich" hatte mir das ganz offensichtlich nicht erarbeitet. Es wurde mir einfach geschenkt. Noch heute bin ich immer wieder von tiefer Dankbarkeit erfüllt für dieses Geschenk. Es ist eine Gnade, diese Vollkommenheit der Liebe als Mensch mit einem anderen Menschen leben zu dürfen.

Es mag Menschen geben, die sich selbst mehr lieben und die beziehungsfähiger sind, als ich es damals war. Es ist nichts, was ich mir erarbeitet habe und was du dir erarbeiten könntest. Es war das, was in meinem Leben geschehen sollte. Das Leben ist voll von Gnade. Auch dein Leben. Es gab und gibt sie immer, auch wenn du sie vielleicht nicht immer erkennst. Auch in unserer Beziehung gab und gibt es immer wieder Herausforderungen. Als wir einander begegneten, lösten sich unsere Probleme keineswegs in Luft auf. Es herrschte nicht auf einmal eitel Sonnenschein. Auf einer tieferen Ebene wurde zwar plötzlich alles gut, aber auf der menschlichen Ebene gab und gibt es immer noch viele Lektionen zu lernen. Ich wurde mit meiner Dominanz konfrontiert und lernte, meinen Egoismus zu sehen. Ich erkannte allmählich, wie ich alles unter Kontrolle haben wollte und meine Gefühle und Bedürfnisse in unserer Beziehung nicht gut zurückstellen konnte. Ich sah die ganze Palette menschlicher Spiele, Gefühle und Schwierigkeiten. Doch letztendlich war da so viel Verständnis und Liebe.

Anfangs sah ich Liebe und Gnade fast ausschließlich in unserer Beziehung. Hier war sie so offensichtlich, greifbar und menschlich, gleichzeitig aber auch unpersönlich, unzerstörbar und bedingungslos. Hier war es oft einfach, Liebe zu sehen und zu fühlen. Wir verbrachten anfangs sehr viel Zeit miteinander. Alles andere war weniger wichtig. Daraus erwuchs aber auch die Neigung, die Beziehung wie eine Insel der Liebe in den rauen und stürmischen Wogen des Meeres zu sehen, als das wir die Außenwelt oft wahrnahmen. In unserer Beziehung gab es auch Strukturen der Ausschließlichkeit, der Abhängigkeit und der Unfreiheit. Die Zeit war gekommen, sich aus den Abhängigkeiten zu befreien.

Die *Botschaften der Liebe* der aufgestiegenen Meisterin Nada, die ich übermittelte, waren mir dabei eine große Hilfe. Jetzt gibt es nur Gewahrsein von Liebe in allem, was ist. Im Sein ist Liebe, in einer Auseinandersetzung genau wie in der tiefen Übereinstimmung mit einem Menschen. In Wahrheit ist überall einfach nur Liebe. Sie ist nicht auf bestimmte Formen festgelegt. Sie ist einfach in allem, was ist. Es gibt nur Liebe, keine größere oder weniger große, keine mehr oder weniger besondere Liebe. Sie ist unabhängig von allem, einfach nur existent. Auch wenn wir jemanden auf der Ebene persönlicher Erscheinungen nicht mögen. In Wahrheit gibt es nichts als das. Jeder Ausdruck ist einfach nur bedingungslose Liebe, unendliches Sein, das Nichts.

Welch eine Befreiung das war, auch für meine Beziehung mit Guido. Obwohl ich sehr glücklich und in meinem Leben verwurzelt war, hatte ich früher immer Angst gehabt, dass ich, wenn Guido sterben würde, vielleicht auch nicht mehr weiterleben wollte. Daran merkte ich, dass trotz dieser wunderbaren Liebe etwas nicht in Ordnung war. In Momenten, in denen ich mit Guido besonders glücklich war, weinte ich. Ich spürte so einen Schmerz über die Vergänglichkeit menschlicher Liebe, über die Vergänglichkeit von Glück. Ich sehnte mich nach der Ewigkeit, die mir selbst diese wundervolle Liebe in Momenten größten Glücks niemals schenken konnte. Ich erkannte, welche Abhängigkeit in dem Glauben lag, nur mit ihm glücklich sein zu können und Glück festhalten zu wollen. Ich spürte, dass die Illusion, dieses absolute Glück könne nur durch ihn erfahren werden, nun sterben wollte. Heute ist das „absolute Glück" etwas anderes. Das „absolute Glück" ist Stille, Sein, Friede in und jenseits aller menschlichen Bindungen und Beziehungen. Das Glück, die Freiheit, ist in allem, was ist, jetzt, in der Vollkommenheit eines jeden Moments, unabhängig von irgendeinem Menschen, unabhängig von jeder Form, unabhängig von Glück oder Unglück. Befreiung hat stattgefunden, weil die Ausschließlichkeit ebenso sterben durfte wie die emotionale Abhängigkeit. Es gab auch einen Traum, in dem mein Körper starb und Abschied von Guido nahm. Abhängigkeiten und Verstrickungen haben sich aufgelöst. Das, was immer war und immer ist, ist geblieben. Immer und ewig nur Liebe.

Liebe ist in allem, auch in schwierigen Beziehungen, auch in Hass und Streit. Es gibt keine Ausnahme. Selbst wenn eine Beziehung mit einem bestimmten Mann oder einer bestimmten Frau schwierig und voller Streit ist, wird die Liebe zu allem und in allem davon nicht berührt. Die Stille, der Friede, die Liebe ist nicht abhängig von einer glücklichen oder unglücklichen Beziehung. Sie ist nicht davon abhängig, ob wir in einer glücklichen Ehe leben oder nicht. Sie wird von all dem nicht berührt. All das spielt keine Rolle. Liebe ist immer, egal wo ich mich befinde und mit wem. Liebe ist immer, egal was geschieht. Egal ob ich mit Guido bin oder ohne ihn. Freiheit, unendliche Liebe.

Dennoch wäre ich auf der menschlichen Ebene wohl traurig, wenn Guido sterben würde. Aber wer weiß das schon. Es ist nicht jetzt. Ich bin immer noch gern mit ihm. Bei ihm ist jetzt mein Platz, mit ihm bin ich, wo ich jetzt sein soll. Wer weiß, was morgen sein wird? Da ist so viel Dankbarkeit und Vertrauen in die Vollkommenheit all dessen, was ist, zu jeder Zeit.

Liebe, die Essenz, das, was ist, kannst du immer finden. Sie ist jetzt und überall. Sie ist nicht abhängig davon, ob du in einer glücklichen Beziehung lebst oder in einer unglücklichen. Sie ist auch nicht abhängig davon, ob du dich mit jemandem streitest oder nicht. Liebe kann sich auf so viele Arten zum Ausdruck bringen. Auch durch die Menschen, die dir auf die Nerven gehen und die du ablehnst, an deinem Arbeitsplatz, in deiner Nachbarschaft, in deiner Familie. Boten der Liebe sind eben auch die Menschen, die dich mit Absicht oder unabsichtlich auf deine wunden Punkte aufmerksam machen. Liebe, die durch sie geschieht, kann dir helfen, dich von der Illusion zu befreien, dass es überhaupt Liebe und Nichtliebe, Gut und Böse gibt. Liebe ist überall, in jedem Moment. Liebe ist auch in der Luft, die du atmest. Liebe ist auch in dem Mörder, in dem Mann auf der Straße. Liebe ist alles, überall. Auch die Begegnung mit Menschen, die du nicht magst, die du ablehnst, ist immer reine unendliche Liebe. Es gibt nichts anderes. Das ist die Essenz. Und wenn du deine Augen und dein Herz öffnest, kannst du die Liebe überall erkennen. Dann erkennst du, dass du zu jeder Zeit geliebt bist. Nicht nur von den Menschen, die dich allem Anschein nach lieben.

Ich kehrte von einer Reise zurück nach Hause in den Chiemgau. Als ich hier ankam, war plötzlich eine solche Freude da. Ich fühlte mich vom Himmel, von der Erde, von der Landschaft umarmt. Ich spürte die Liebe, die durch die Berge strömt, durch die Luft, durch die Erde, die Liebe, die vom Chiemsee ausstrahlt. Ich fühlte mich wie ein Baby, in warme Tücher gehüllt, von Mänteln der Liebe umhüllt und darin geborgen. Nichts war geschehen. Es war einfach da. Diese Liebe war und ist einfach da. In mir, um mich herum. Ich küsste den Himmel, die Luft. Ein unendlicher Fluss der Liebe. Vorher war ich zu Einzelsitzungen und Vorträgen im Ruhrgebiet gewesen, wo ich aufgewachsen bin. Ich spürte, wie dicht die Energie dort ist. Für meinen Körper und seine Schwingung war es eine Umstellung. Ich fühlte mich, als würde mir mit einer Bratpfanne auf den Kopf gehauen. Ich stand am Bahnhof und mir liefen die Tränen übers Gesicht. Es waren nicht „meine" Tränen. Es war nur Tränen, die flossen. Doch Vollkommenheit auch in den Tagen, die ich in der verdichteten Energie des Ruhrgebiets verbrachte. Mit menschlichen, identifizierten Augen besehen scheint es, als gäbe es Liebe nur in besonderen Situationen, an bestimmten Orten und nur zwischen manchen Menschen. Das ist einfach nur die Ebene der Erscheinungen, die Ebene der vorübergehenden Erfahrungen. In Wirklichkeit ist überall nur Liebe. Sie ist still und von nichts abhängig, weder von Zeit noch von Raum. Sie ist einfach, immer und überall. Stille, Friede. Auch in scheinbar schwierigen Umständen und Konstellationen ist Liebe. Besonders deutlich wurde mir die Unendlichkeit von Liebe in Situationen, in denen all meine unehrlichen Vorstellungen und Erwartungen von Liebe gesprengt wurden, auch wenn das manchmal sehr schmerzhaft war.

Wenn ich auf mein Leben zurückschaue, waren gerade die Schwierigkeiten und die dunklen Jahren des extremen Leidens auch unendliche Liebe. Wie sonst hätte ich so schnell lernen können? Warum sonst hätte ich mich mit all meiner Kraft auf die Suche nach Befreiung aus dem Leiden gemacht? Wie sonst, wenn nicht durch Menschen, mit denen ich Probleme hatte, hätte ich mich im Spiegel selbst erkennen können? Alles ist Liebe. Es gibt nichts außer Liebe, unendlichem Sein. Liebe, unendliches Sein hat oft nur wenig mit unserer Vorstellung von der romantischen Liebe zu tun.

Gerade durch meine romantische Liebe zu Guido wurde ich mir einerseits der Vielfalt und Unbegrenztheit von Liebe bewusst, andererseits aber auch der Unfreiheit, die mit manchen Vorstellungen von Liebe einhergeht. Und obwohl das Ausschließliche aus unserer Beziehung verschwunden ist, ist diese Beziehung auf der menschlichen Ebene etwas Besonderes geblieben. Auf der menschlichen Ebene gibt es nun einmal Menschen, mit denen wir mehr Kontakt haben als mit anderen. Das schließt jedoch nicht aus, dass wir in Liebe mit allem sind, was ist. Gewahrsein der unendlichen Liebe bedeutet auf der praktischen Ebene nicht, dass wir keine Grenzen mehr haben und mit allen Menschen die gleiche Form des Kontaktes leben. Im unendlichen Sein, im Gewahrsein des Nichts, ist zwar alles das Eine, aber auf der menschlichen Ebene gibt es dennoch scheinbare Unterschiede.

Es sind nur deine identifizierten Augen, die Liebe nicht in allem erkennen können, was ist. Du bist immer Liebe, immer unendliches Sein. Was auch geschieht, was du auch tust, wie immer du auch behandelt wirst. Es gibt nichts anderes. Liebe ist hinter allem – wie weit es auch entfernt zu sein scheint vom Göttlichen und von der Liebe. Suche und finde die Liebe in und jenseits aller menschlichen Vorstellungen von ihr. Erfahre die Liebe auch in und durch Menschen, die dich zu provozieren und zu ärgern scheinen. Auch hier gibt es nur Vollkommenheit, Stille und Frieden. Liebe zu jeder Zeit. Liebe in jedem Moment.

Was ist mit deiner Vorstellung von Liebe? Was ist mit deinen Beziehungen? Was siehst du als Liebe an und was nicht? Und was ist mit den Menschen, die dich herausfordern? Wo fühlst du dich nicht geliebt? Wo kannst du dich selbst nicht lieben? Alles ist Liebe in jedem Moment. Du bist geliebt, jetzt und in jedem anderen Moment. Es gibt keine Abwesenheit von Liebe. Auch scheinbare Nichtliebe ist Liebe. Du bist auch okay, wenn Du nicht lieben kannst. Diese Liebe hat keine Bedingung. Es gibt nichts zu erfüllen. Es ist das Sein, das tiefe Ja zu allem was ist, auch zum Nein. Unendliche bedingungslose Liebe erfuhr ich auch durch die Energie der geistigen Wesenheit Lady Nada. So viel Gnade, so viel Liebe erfuhr ich durch die Führung von Nada. Während ich ihre Energie übermittelte, gab es nur Liebe, nichts als unendliche Liebe. Es gab keine Trennung, nichts, was ausgeschlossen war. Immer mehr wurde ich der Liebe gewahr – auch in Menschen, die mir auf der persönlichen Ebene nicht so sympathisch waren. Im Laufe der Zeit wurde die Liebe auch in meinem Alltag in und hinter allem sichtbar. Jetzt gibt es keine Trennung mehr zwischen Liebe und Nichtliebe, keine Trennung zwischen der „Übermittlung" bedingungsloser Liebe durch eine geistige Wesenheit und mir in meinem Alltag. Liebe ist jetzt, auch jenseits von „persönlichen" Vorlieben und Abneigungen. Liebe ist immer. Sie ist – jetzt.

Liebe ist überall, auch da, wo du sie nicht vermutest, besonders da. So viel Liebe, die du in allem erkennen kannst, was ist. So viel Liebe, die ich durch die geistige Welt erfuhr. So viel Liebe, die ich durch Guido, meine Eltern, meine Familie und meine Freunde erfuhr. So viel Liebe, auch in all diesen Schwierigkeiten. So viel Liebe, die ich durch die Männer erfuhr, die meinen Körper vergewaltigten. So viel Liebe in all dem Schmerz, in all der Traurigkeit, in all der Dunkelheit.

Jetzt nur noch Liebe, unendliches Sein in allem, was ist. Liebe, in jeder scheinbaren Disharmonie, auch in Traurigkeit und Streit. Vor kurzem gab es eine Situation, in der eine Frau sehr wütend auf mich war, weil ich ihren Erwartungen nicht entsprach. Ich konnte ihre Wut sehen. Doch in mir war nichts als Stille und Friede. Einfach nur Liebe. Sie konnte mich mit ihrer Wut nicht berühren. Was blieb, war Stille und Liebe. Ich sah, dass sie sich zurückgewiesen fühlte und dass sie glaubte, von mir nicht geliebt zu sein. Doch ich sah nur Liebe, vollkommene Liebe in ihr und in allem. In Ruhe und Stille sah ich das verletzte Kind in ihr. Ich blieb klar bei dem Nein, das in mir geschah und der Auslöser für ihre Wut war. Es war nicht der Gedanke, dass ich in Liebe und Stille sein und auf diese Angriffe nicht eingehen sollte. Es war einfach so, wie es war. Keine Absicht. Kein Gedanke daran, dass es so sein muss. Da war und ist nur Friede. Genauso wäre es in Ordnung gewesen, wenn ein Impuls der Wut da gewesen und zum Ausdruck gekommen wäre. Auch das kann die Liebe, die Stille, den Frieden nicht bedrohen.

Nach ein paar Tagen war ihr Ärger verraucht. Auf der irdischen praktischen Ebene schien vielleicht in dieser enormen Wut, die sie auf mich hatte, die Liebe abhanden gekommen zu sein. Im Gewahrsein der Stille erscheint die Wut, sie wird gesehen, wird wahrgenommen. Doch die Wut kann die Liebe nicht überdecken, nicht zerstören. Denn Liebe ist immer. Jetzt. Auch in dir.

Liebe ist jetzt im Sein und überall zu erfahren und zu erkennen. Sie ist in jedem Luftpartikel, der mich berührt, wie ein sanftes Streicheln, eine liebevolle Berührung. Es ist, als singe die Welt nur dieses eine Lied, das Lied der Liebe. Auch in all den Kriegen, auch durch die Menschen, die dich und mich nicht zu mögen scheinen. Das Lied der Liebe, hörst du es? Es ist überall. Das Lied der Liebe, das Lied der Unendlichkeit singt sich selbst in jeder Zelle deines Seins, in jedem Menschen, in jedem Tier, in jeder Pflanze, überall. Das Lied der Liebe ist immer da. Es ist in dir und überall. Möchtest du es hören? Das Lied der unendlichen Liebe ist jetzt, in diesem Moment, in all deinen Beziehungen, in allem, was ist. Warum nach der einzig wahren und glücklich machenden Liebesbeziehung suchen, wenn Liebe überall ist? Warum überhaupt krampfhaft nach Liebe suchen? Warum Liebe erzwingen wollen? Warum die Liebe mit Nichtachtung strafen, weil du sie nur in bestimmten Situationen vermutest, anstatt sie jetzt überall zu finden? Wenn du deine Vorstellungen und Erwartungen von Liebe loslässt und jetzt in diesem Moment einfach still bist, findet sie dich, jetzt, hier und überall. Lass die Zeit nicht verstreichen, um nach etwas zu suchen und auf etwas zu hoffen, das du nur zu finden glaubst, wenn bestimmte Bedingungen erfüllt sind. Die vollkommene unendliche Liebe ist – jetzt. Sie streichelt dich. Sie ist in jeder Begegnung, in jedem Moment. Sie ist in dir, in mir, jetzt und immer. Sie ist auch im Sein mit Guido, aber sie ist nicht nur dort. Sie gehört nicht ihm oder mir. Da ist niemand, dem sie gehören könnte. Das ist das, was wir in Wahrheit sind: das Eine Sein, die Unendlichkeit.

Jetzt. Liebe ist in dir, jetzt. Egal, wer du zu sein glaubst. Egal, wo du stehst. Egal, wovor du Angst hast. Egal, wie sehr du verwickelt bist. Liebe, jetzt. Einfach, weil du bist. Liebe ist in dir, fließt jetzt zu dir, von Mensch zu Mensch durch dieses Buch. Spürst du, wie die Liebe dich berührt, wie du Liebe bist? Sie ist überall. Du bist geliebt, wie du bist, mit all deinen menschlichen Unvollkommenheiten. Die Luft um dich herum berührt dich, sie liebt dich, sie ist. Sie ist Liebe, Unendlichkeit, genau wie du. Liebe, wie alles, was ist. Liebe, jenseits von und in Liebesbeziehungen. Liebe, in und jenseits von Streit und Kampf. Liebe, in und jenseits jeder noch so schwierigen Situation. Liebe, unendliche Liebe, ohne Bedingungen, ohne Vorstellungen und Begrenzungen. Das Lied der Liebe fordert dich auf, dich in ihr zu erkennen. Jetzt. Hörst du es? Es ist in dir und in allem, was ist.

Angst, das Tor zur Erkenntnis

Ich kenne die Angst sehr gut. Besonders während meiner Pubertät war sie mir sehr vertraut. Ich hatte Angst vor allem Möglichen. Angst, nicht gut genug zu sein. Angst, etwas Falsches zu sagen. Angst, kritisiert zu werden. Angst, mich zu zeigen. Ich hatte Angst, abgelehnt und verspottet zu werden. Ich hatte Angst, ausgeschlossen zu sein. Angst zu versagen. Angst mich abzugrenzen, Angst vor meiner eigenen Wut. Angst vor Tieren. Angst, Guido zu verlieren. Angst davor, dass er sterben könnte und ich ohne ihn nicht weiterleben würde. Angst, zurückgewiesen zu werden. Angst, nicht genug geliebt zu werden. Angst, beruflich nicht gut genug zu sein, und besonders davor, dass es jemand merken könnte. Angst davor, Eifersucht und Neid in anderen zu provozieren und auch in mir selbst wahrzunehmen. Alle diese menschlichen Ängste.

Gleichzeitig war ich schon immer sehr mutig. Ich sprang immer wieder ins Nichts. Ich kannte beide Seiten. Da war einerseits sehr viel Angst und Schüchternheit. Auf der anderen Seite gab es den Mut, Bestehendes in Frage zu stellen, nach der Wahrheit zu suchen, neue Wege zu gehen, mir meine Schatten anzuschauen und das Ungewöhnliche ebenso zu leben wie das Gewöhnliche. So viel Mut, so unendlich viel Angst. So unendlich viel Angst vor der Auflösung des „Ich", meiner Person, meines Körpers und meiner Geschichte. So viel Angst vor der Erkenntnis, nichts und niemand zu sein. Jetzt ist mir bewusst, was für ein ausgezeichneter Lehrer diese Angst war. Gerade die Situationen, vor denen ich Angst hatte und die zu erleben ich dennoch bereit war, machten das Erkennen des Ewigen, das Gewahrsein der Unendlichkeit möglich.

Angst

Dankbarkeit und Gnade
im Geschehenlassen der Angst.
Gnade und Dankbarkeit im Erleben
der Angst, damit die Stille,
der Friede, das Nichts, die Unendlichkeit noch tiefer,
noch deutlicher vernommen werden können.

Angst, Lehrmeister und Diener, der diese Tiefe,
das Erkennen, das Erwachen im göttlichen Sein
geschehen lässt.

Angst, wie sehr ich dich gefürchtet habe.
Angst, willkommen bist du jetzt.
Angst, wie sehr ich dich jetzt schätze.
Angst, wie dankbar ich dir bin,
denn du lässt mich erkennen,
dass nur das Ewige, das Nichts, unendliches Sein ist.
Angst, du verhasstes und verfluchtes Wesen,
das mir Stunden der Verzweiflung zu bringen schien.
Angst, Gefühle und Gedanken waren an dich
gebunden, die mich in Verzweiflung und Depression
zu treiben schienen.

Angst, wie sehr wünschte ich mir,
dass es dich nicht gäbe.
Angst, wie sehr wünschte ich mir,
dass du endlich verschwinden und mich in Ruhe
lassen würdest.

Angst, wie sehr wünschte ich mir,
wenn ich dich selbst schon spürte,
dass andere Menschen dich nicht in mir
erkennen sollten.

Angst, wie stark warst du in mir.
Angst, der Freund.
Du bist und warst ein wahrer Lehrer auf meinem Weg.
Jetzt, erfüllt von Liebe, weiß ich, dass du die Tiefe der
Stille, des Gewahrseins, des Unendlichen,
des Ewiglichen bringst.
Wie viel Liebe, wie viel Dankbarkeit, jetzt.

So viele Ängste haben sich im Laufe meines Lebens im Nichts aufgelöst. So viel Befreiung war möglich durch das Erleben und Geschehenlassen der Angst. Ich begegnete der Angst vor dem, was ich nicht zu überleben glaubte. Immer wieder vermied ich es aber auch, bestimmte Ängste geschehen zu lassen. Doch zu „seiner" Zeit, ohne dass ich es kontrollieren oder erzwingen konnte, wuchs die Bereitschaft, diesen Ängsten zu begegnen. Ich war immer mehr bereit, das geschehen zu lassen, wovor ich flüchtete und was ich vermeiden wollte. Gerade die Situationen, die ich hoffte, nie erleben zu müssen, stellten sich in nächtlichen Träumen und im „realen" Leben ein. Ich habe oft erlebt, wie sich die Angst auflöste, als ich bereit war, sie zuzulassen. Dadurch begegnete ich dem Unsterblichen immer wieder. Es geschah ohne Absicht. Es geschah einfach.

Mit einundzwanzig arbeitete ich als Tanztherapeutin in einer Psychiatrie. Anfangs konfrontierte ich Patienten oft nicht, weil ich Angst hatte, einen Konflikt herbeizuführen und dann nicht mehr beliebt zu sein. Es war meine erste Stelle. Ich war unsicher. Es war mir wichtig, dass meine Arbeit anerkannt wurde und damit auch ich selbst – und ich wollte geliebt werden. In letzter Konsequenz war es die Angst, nicht überleben zu können, wenn ich nicht geliebt und anerkannt wurde.

Im Laufe der Zeit entwickelte ich Vertrauen in mich und meine Führung. Ich begann ganz selbstverständlich, mich auseinanderzusetzen und meine Wahrheit zu leben wie sie ist. Ob ich gemocht wurde oder nicht, wurde unwichtig. Jahre später stellte die Leiterin einer suchttherapeutischen Einrichtung, in der ich als Tanztherapeutin arbeitete, in einer Teamsitzung mit neunzehn Mitarbeitern und 35 Patienten die Frage: „Wie geht es Ihnen in der Körper- und Tanztherapie?" Zu dieser Zeit arbeitete ich sehr konfrontativ mit dieser Gruppe. Ich spürte, dass einige Patienten rückfällig wurden und damit gewisse „Geheimnisse" verbunden waren. Das wurde von der ganzen Gruppe gedeckt und Widerstand gegen mich hatte sich aufgebaut. Kein Wunder also, dass sich jetzt alle Patienten einig waren: Die Körpertherapie samt Therapeutin ist schrecklich. Und das sagten sie auch. Das war eine der Situationen, vor denen ich immer Angst gehabt hatte. Aber es kam noch viel schlimmer: Die Gruppe weigerte sich, weiter mit mir zusammenzuarbeiten.

Diese Situation war trotz aller Schwierigkeiten ein Spiegel, ein Geschenk. Genau das, was ich befürchtet hatte, war ich endlich bereit zu erfahren. Ich erlebte es. Und dann war da plötzlich eine Stille. Ich saß in dieser Besprechung, alle schauten mich an. Auf der körperlichen Ebene nahm ich Traurigkeit und Unruhe wahr, doch gleichzeitig war Ruhe da und Stille. Ich überlebte all dies, sogar mein Körper überlebte... Lachen.

Natürlich waren die nächsten Tage und Wochen nicht leicht. Doch das Thema war plötzlich auf wundersame Weise beendet. Ich machte keine Geschichte daraus. Später kam hinter der Abwehr und Ablehnung etwas anderes zum Vorschein: Anerkennung und Interesse. Von diesen Patienten, diesen Menschen, die ich in den zehn Jahren meiner Arbeit in psychiatrischen und suchttherapeutischen Einrichtungen kennen gelernt hatte, lernte ich sehr viel. Es gab letztendlich so viel Liebe, die „mir" geschenkt wurde und die ich schenken konnte, die einfach nur geschah. Auch diese Menschen spiegelten mir meinen Schatten und meine Ängste. Auch sie halfen mir zu erkennen, dass das Göttliche, das Eine Sein immer bleibt und ist, egal was passiert. Dies war eine der zahlreichen Situationen, aus denen ich gestärkt hervorging. Denn ich hatte erkannt, dass trotz aller Angst etwas unberührt und unzerstört blieb. Das Gewahrsein des Einen wuchs. Immer mehr war ich bereit, die Anhaftung zu lösen und mich der Angst zu stellen. Es gab bereits die innere Freiheit, es wirklich wissen zu wollen. Die Zeit war reif. Es geschah.

Es gab auch eine tiefe Angst, aus der „Symbiose" mit meiner Mutter und meinem Bruder zu fallen. Es war mir schon lange bewusst, dass ich dieser Angst irgendwann würde begegnen müssen. Aber noch war die Zeit dafür nicht gekommen. Während meiner Ausbildung zur Tanztherapeutin machte ich eine sehr tiefe Erfahrung: eine amerikanische Tanztherapeutin sagte mir: „Du musst deine Mutter gehen lassen." Sie sagte das immer wieder. Ich antwortete weinend: „Nein, nicht jetzt." Sie sagte: „Es ist so wichtig." „Ich weiß", sagte ich, aber mein Gefühl sagte „jetzt nicht" und war viel stärker.

Es war mir schon längere Zeit bewusst, dass eines der letzten Themen, die ich bewältigen musste, die Befreiung aus so genannten Liebesabhängigkeiten war. Ich hatte das Gefühl, in „Liebe", letztendlich aber auch Abhängigkeit mit meiner Mutter und meinem Bruder verbunden zu sein. Ich glaubte, meine Mutter nicht im Stich lassen zu dürfen. Ich hatte Angst, sie könnte nicht überleben beziehungsweise nicht mehr glücklich sein, wenn ich mich aus der Verstrickung mit ihr löste. Das war Arroganz und Selbstüberschätzung und sicherlich auch meine Angst, ohne diese Abhängigkeiten nicht leben zu können.

Ich zwang mich nicht zur Auflösung dieser Problematik. Ich wusste instinktiv, dass der richtige Zeitpunkt dafür kommen würde. Auf der praktischen Ebene war diese „Liebesabhängigkeit" nicht so offensichtlich. Ich zog mit achtzehn Jahren von zu Hause aus und lebte bald über siebenhundert Kilometer weit weg mein eigenes Leben. Und doch war erst viele Jahre später der Zeitpunkt gekommen, an dem wirkliche „Ablösung" von meiner Mutter und meinem Bruder möglich wurde, indem ich meine Ängste, meine Erwartungen, und Verstrickungen sterben lassen konnte. Ich war bereit, der Angst vor Zurückweisung und Ablehnung ins Gesicht zu sehen und durch sie hindurchzugehen. Ich war bereit, die Angst zu erleben. Ich war bereit, die Bilder und Erwartungen an sie und an mich selbst gehen zu lassen.

Als ich die Angst ebenso zuließ wie den Tod von Vorstellungen und Erwartungen, fühlte ich eine große Kraft. Ich erkannte, wie unendlich die Liebe, das Unzerstörbare ist. In der Beziehung zu meiner Mutter und zu meinem Bruder gab es viele Übereinstimmungen, viel Liebe, viel Verwandtschaft jenseits der leiblichen Verwandtschaft. Die Verstrickungen waren auch durch die Abhängigkeit von der Liebe des anderen und durch die scheinbare Mitverantwortung für sein Wohlbefinden entstanden. Durch die Bereitschaft, all dies sterben zu lassen und die Angst vor dem Abbruch des Kontakts und vor Liebesentzug zuzulassen, gewann ich unendliche Freiheit und unendliche Liebe jenseits aller Verstrickung.

Es gab die Bereitschaft, alles sterben zu lassen, auch das Bild von mir als Zerstörerin, als Egoistin, die nicht geliebt wird, wenn sie sich abgrenzt und ihr eigenes Leben lebt. Gleichzeitig wuchs das Bewusstsein, dass das, was ich bin, nicht zerstört werden kann. Es machte sogar immer mehr Freude, die Illusionen zu durchschneiden, die Stricke, die gefangen hielten. Das Sterben wurde mir sehr vertraut. Ich war jetzt auch bereit, es in diesen Beziehungen zuzulassen, um des Ewigen gewahr zu werden, der unendlichen Liebe. Angst war da und gleichzeitig Mut. Und viel Freude am Zerstören, am Sterbenlassen der Illusionen. Das Vertrauen in die göttliche Kraft, in das unendliche Sein wurde immer größer. Und je größer dieses Vertrauen wurde, desto stärker wurde die Bereitschaft, auch die Auflösung der Verstrickungen geschehen zu lassen.

Früher waren die Ängste übermächtig gewesen, doch dann wuchsen Vertrauen und Hingabe, bis sie stärker waren als die Angst. Ich lernte auch, dem richtigen Zeitpunkt zu vertrauen. Ich konnte nichts erzwingen, was nicht wirklich reif war. Jahre zuvor war nicht die Zeit, um die symbiotischen Bindungen an meine Mutter, meinen Bruder und Guido zu lösen. Ich hatte zu viel Angst. Ich hatte letztendlich Angst davor, allein und ungeliebt nicht überleben zu können. Das Vertrauen darauf, dass Liebe immer ist, brauchte Zeit, sich zu entwickeln. Auch die Erkenntnis, dass ich nichts von außen brauche, um in innerem Frieden zu sein, brauchte Zeit, genau wie die Erkenntnis, dass die Liebe, das Eine Sein nicht von der Beziehung zu einer bestimmten Person abhängig ist. Es wird aus meiner wie aus jeder anderen Geschichte deutlich, wie alles von Anfang an geführt war. Ich konnte einen Zeitpunkt oder eine Situation nie wirklich bestimmen. Es gibt niemanden, der das bestimmen kann. Es geschieht, was geschehen will, auch durch dich, wenn die Zeit reif ist.

Wenn ich zurückblicke, gab es immer einen roten Faden. Eins wurde auf das andere vorbereitet. Früher konnte ich diese Führung, diesen roten Faden oft nicht erkennen. Manche Erfahrungen machten mich stutzig, weil ich ihren Sinn nicht sehen konnte. Doch folgte eins auf das andere in einer Perfektion, wie sie Gedanken und Vorstellungen eines identifizierten Menschen niemals zustande bringen könnten. Was durch dich geschehen will, geschieht, ob eine identifizierte Person es will oder nicht. Vertraue deinem Weg.

Besonders die Begegnung mit der Angst war das Tor zum Gewahrsein der Unsterblichkeit, der Unendlichkeit. Es war für mich so wichtig, den Verstrickungen und Ängsten zu begegnen, die mich gefangen hielten, um das Unsterbliche zu erkennen und die Suche der getrennten, identifizierten Person zu beenden. Es war so wichtig, mir all die Verstrickungen und Ängste anzuschauen, um schließlich das zu erkennen, was niemals vergeht. Das kann auf deinem Weg ganz anders sein. Wenn es bei dir nicht darum geht, der Angst zu begegnen, dann ist das vollkommen.

Eine Frau, die ich vor einigen Jahren wegen einer Katzenphobie um Hilfe bat, erzählte mir, dass man „mich" in der Zeit der Christenverfolgung in einer Arena Wildkatzen zum Fraß vorgeworfen habe. Immer wenn ich Katzen sehe, so meinte sie, würde diese Erinnerung wachgerufen. Das mag sein oder auch nicht. Es ist nur eine Geschichte. Ich hatte viele Jahre lang Todesangst, wenn ich Katzen sah, und litt unter Alpträumen mit Katzen. Die Todesangst ist gegangen. Jetzt gibt es nur noch äußerst selten kurze Anflüge von Angst, wenn ich Katzen begegne, die ich früher als große Raubkatzen wahrgenommen habe. Es scheint noch so etwas wie eine Gewohnheit zu sein, die sich langsam verabschiedet. Gleichzeitig bleibt immer etwas unberührt von all der Angst. Die Angst löst sich ganz von selbst immer mehr auf. Es gibt keinen Impuls, etwas tun zu müssen, um diese Angst aufzulösen. Stille und Friede ist. Stille und Friede, ob mit Angst vor Katzen oder ohne sie. Stille, Friede, Unendlichkeit sind und bleiben. Gedanken, die anfangs kurz auftauchten, um sich dann im Nichts aufzulösen, waren: Wenn du Stille, Unsterblichkeit und Ewigkeit bist, warum hast du dann überhaupt noch Angst?

Diese Gedanken lockten und wollten verführen. Sie gingen, wie sie gekommen waren, weil sie nicht berührt und nicht gefüttert wurden. Das, was tiefer ist, die Stille, das Nichts, kann auch von diesen Gedanken nicht berührt und vertrieben werden. Friede, Stille, unendliches Gewahrsein ist. Alles andere ist nur eine Geschichte.

Die Unendlichkeit ist, das Nichts ist, jenseits der Angst. So viele Ängste sind gegangen. Angst, etwas verlieren zu können. Angst, etwas nicht erreichen zu können. Angst, Kritik nicht aushalten zu können. Angst, unsicher zu sein. Früher hatte ich Angst, mich in der Öffentlichkeit zu zeigen, mich verletzbar zu machen. Eine meiner Vorstellungen vom Leben war, dass ich nur zu Hause arbeite und nie in die „Welt" hinaus gehe. Ich wollte in einem geschützten, symbiotischen und liebevollen Schneckenhaus leben, und die „kalte, böse" Welt sollte vor der Tür bleiben. Ich wollte in einer Oase der Liebe leben, unter Ausschluss verschiedener Aspekte des Lebens. Was natürlich nicht funktionierte. Meine Angst, mich zu zeigen, mich verletzbar zu machen und mich ganz im Spiegel des Lebens anzuschauen, war unglaublich groß.

Doch genau dieser Angst, mich zu zeigen, mich verletzbar zu fühlen und möglicherweise als schlecht und inkompetent beurteilt zu werden, musste ich mich stellen. Das geschah, damit ich erkennen konnte, dass nichts passiert und dass in Wahrheit nur die Unendlichkeit ist, die Ewigkeit. Und so ergab es sich, dass ich einmal zu meiner Arbeit als Channel einiger Bücher interviewt wurde. Das war, genau wie das Veröffentlichen von Büchern, etwas, das ich früher niemals gemacht hätte und wovor ich in Panik geflüchtet wäre. All das schien in meiner identifizierten Person nicht angelegt, anders als in Menschen, die glücklich sind, sich auf der Bühne des Lebens zu präsentieren. Also blitzte in dieser Situation, selbst jetzt, da Friede ist und unendliches Gewahrsein, auf der körperlichen Ebene ein wenig Nervosität und ein kurzer Gedanke auf: „Oh Gott, muss das sein?" Es war wunderbar, diese menschlichen Reaktionen im Gewahrsein unendlicher Stille wahrzunehmen: Es ist vollkommen. Niemand der sich blamieren könnte. Göttliches Sein geschieht. Selbst eine Blamage? Was ist das? Das Ewige ist.

Oft geschah genau das, wogegen ich mich als identifizierte Person wehrte, wovor ich mich fürchtete, als hätte ich gewusst, dass all dies geschehen wollte. Heute ist all das unwichtig geworden. Ich spiele die Rolle, die durch mich gespielt wird. Ich schreibe diese Geschichte. Dieses Buch wird geschrieben, unter diesem Namen. Es ist nur ein Spiel. Genauso gut kann unendliches Sein im nächsten Moment andere Formen wählen. Genauso gut kann durch diesen Körper eine anderer Ausdruck geschehen. Doch dieser Körper spielt eben diese Rolle, dieses Spiel. Alles ist unendliches Bewusstsein, das Nichts. Auch die Angst. Die Angst ist ein Freund, der dir erkennen hilft, dass du in Wahrheit Unsterblichkeit, das Nichts, göttliches Bewusstsein bist.

Angst in ihren verschiedenen Facetten hindert dich nur, deine Unsterblichkeit zu erkennen, wenn du sie unterdrückst oder an ihr festhältst. Wir Menschen haben so viele Ängste: Angst, nicht geliebt zu werden, Angst, nicht anerkannt zu werden, Angst, allein zu sein. So viel Angst vor dem Tod. So viel Angst, die eigene

Identität zu verlieren. So viel Angst vor der Vergänglichkeit. Wenn du Angst zulässt und erlebst, kannst du das Unsterbliche erkennen. Die Angst zu sterben ist ein wahres Geschenk, wenn du sie zulässt. Denn wenn du durch diese Angst hindurchgehst, wirst du erkennen, dass es etwas gibt, das all diese Ängste und Befürchtungen überlebt. Erinnere dich an Momente in deinem Leben, in denen du Angst hattest, zu versagen und deshalb nicht mehr geliebt und anerkannt zu werden. Warst du nicht überrascht, dass gar nichts passiert ist, als du dann den Mut hattest oder auch „gezwungen" wurdest, dich dieser Angst zu stellen? War da nicht etwas, das unberührt blieb von all den Geschehnissen, Verletzungen und Ängsten? Hat die Essenz nicht all dies überlebt und war es nicht so, dass sie nicht einmal davon berührt wurde?

Die Begegnung mit deinen Ängsten, mit all dem, was du zu verlieren fürchtest, ist ungeheuer wertvoll. Was ist es, das du befürchtest zu verlieren? Was sind deine Ängste? Hast du Angst, nicht mehr geliebt und anerkannt zu werden, wenn du deine Wahrheit lebst? Hast du Angst vor einer totalen Blamage? Und wie sieht diese von dir gefürchtete Blamage aus? Ist es deine Angst, allein zu sein? Was ist mit deiner Angst, deinen Vater oder deine Mutter, deinen Partner oder deine Kinder zu verlieren, deine Arbeit, dein Gesicht oder deinen Besitz? Wovor hast du Angst? Was bindet dich? Womit bindest du dich an die Illusion, dass du irgendetwas nicht überleben könntest? Vielleicht weißt du, dass du eine große Blamage überleben würdest. Doch geh tiefer und schau auf deine Gefühle, auf deine Gedanken. Wovor hast du wirklich Angst?

Du kannst dir ein unglaubliches Potenzial erschließen, indem du genau diese Ängste zulässt. Dann hast du die Möglichkeit zu erkennen, dass es in Wahrheit keine Person gibt, die wirklich Angst haben kann. Auf der Ebene der Dualität gibt es einen Körper, eine menschliche Information, die Angst erlebt. Doch das, was du in Wahrheit bist, Unsterblichkeit, unendliches Sein, Liebe, wird davon nicht berührt. Wenn du der Angst wirklich ins Auge schaust, kann sie die Tür zu der Erkenntnis sein, dass jenseits der Angst

Friede ist, Friede und unendliches Sein. Du kannst die Angst spüren, dein Körper reagiert vielleicht mit Unruhe, mit Zittern, mit Nervosität. Und gleichzeitig sind da Stille und Friede, die auch von Angst und körperlichen Reaktionen nicht berührt werden.

Angst ist ein großer Lehrmeister. Wenn du dir anschaust, wie du vermeidest, dich mit deinen Ängsten zu konfrontieren, kannst du erkennen, wo du verhaftet bist. Angst basiert auf dem Glauben an einen Körper, an eine getrennte Person. Da ist der Wunsch, ewig und unsterblich zu sein, was dein Körper und deine scheinbare Identität nicht sein können. Wenn du die Angst ganz zulässt, fließen dir Freiheit, Ewigkeit und Unendlichkeit zu. Durch die Angst, die du geschehen lässt, kannst du erkennen, dass es in Wahrheit nur Ewigkeit und Unendlichkeit gibt. Die Essenz kann weder von der Angst noch vom Tod und von der Vergänglichkeit jemals berührt und zerstört werden.

Wenn die Identifizierung mit deinem Körper, mit deinen Vorstellungen und Erwartungen ebenso stirbt wie dein Bild von dir selbst, erkennst du das, was bleibt, was ewig ist. Was bleibt ist das, was du in Wahrheit bist, unendliches Sein. Indem du die Angst zulässt, kannst du das erkennen, was du schon bist: das Eine Sein. Jeder Tod, den du zulässt, lässt dich erkennen, dass du in Wahrheit frei bist, frei von Tod, frei von Geburt. Jeder Tod lässt dich erkennen, dass nur das Ewige, das Unendliche, das Nichts, in Wahrheit ist. Was kann dir besseres passieren als dies: Du schaust deinen Ängsten ins Gesicht und lässt den Tod, das Sterben geschehen, um das Ewige zu erkennen, das Nichts, die Unendlichkeit?

Vielleicht erinnerst du dich an Momente, in denen du in dir still warst. Da war nur Stille und Friede, was immer um dich herum geschah. Vielleicht bist du einem deiner Angstbilder begegnet und warst erstaunt, dass es nicht so schlimm war, wie du erwartet hattest. Vielleicht war sogar Stille da und Friede, selbst in dem für dich höchst vermeidenswürdigen Augenblick. Wenn du heute auf diese Situation zurückblickst: Was ist geblieben? Was ist wirklich geblieben? Nichts. Und so ist es mit allem. Erkenntnisse und Erscheinungen kommen und gehen. Was wirklich bleibt, ist unendliches Bewusstsein. Kein Du, kein Ich, kein Lehrer, kein Schüler, keine Mutter, kein Sohn, keine Frau, kein Mann. Nichts. Einfach nur Nichts. Sein. Unendliches göttliches Sein.

Und wenn du dich nicht mit deinen Gedanken und Gefühlen an die Vergangenheit oder Zukunft klammerst, ist da wirklich Nichts – nur Stille und Unendlichkeit. Nur durch das Anhaften an Gedanken, an Erinnerungen, die dann wiederum Gefühle auslösen, bleibt eine Geschichte, eine alte Erfahrung bestehen. Diese Geschichten leben weiter, weil du ihnen immer wieder Energie gibst und dich mit ihnen identifizierst. Ansonsten wäre eine bestimmte Erfahrung geschehen, vorbei und vergessen, als hätte es sie niemals gegeben. Nichts – jetzt in diesem Moment.

Erfahrungen werden gemacht und vergehen, wenn du nicht an den damit verbundenen Gedanken und Gefühlen hängen bleibst und sie fütterst, indem du sie entweder unterdrückst oder forcierst. Genauso ist es mit der Angst. Wenn du in der Situation bist, vor der du so große Angst hast, und du weder einen Glaubenssatz der Vergangenheit noch einen der Zukunft daran knüpfst, erlebt dein Körper vielleicht Schmerz und die Auswirkungen der Angst, und doch ist mitten in diesem Geschehen Stille und Friede. Was in Wahrheit ist, bleibt unberührt. Schrecken und Leid erfährst du in der Situation, die dir Angst macht, nur, weil du Glaubensätze und Vorstellungen damit verbindest und dich mit ihnen identifizierst. Ansonsten ist da nur Friede und Unendlichkeit, selbst wenn dein Körper auf den Schmerz, die Traurigkeit, die Verletzung und die Wut reagiert. Nichts kann die Stille, den Frieden, das Unendliche zerstören. Leid entsteht nur dadurch, dass du an deinen Vorstellungen von und an deinen Ängsten vor etwas anhaftest.

Die Unendlichkeit, der Friede ist, obwohl der Körper Verletzungen erfährt, Schmerz erleidet, zittert oder stirbt. Schmerz und Traurigkeit sowie die menschlichen und körperlichen Informationen müssen nicht verschwinden. Die Unsterblichkeit, das Nichts ist und bleibt. Angst ist einfach nur Angst. Tod ist einfach nur Tod. Nur die Anhaftung an Gedanken und Vorstellungen, verbunden mit den daraus entstehenden verstärkten oder unterdrückten Gefühlen bringen Leid hervor. Was ist, ist. Im Sein, im Gewahrsein der Unendlichkeit gibt es nichts und niemanden, der durch Schmerz oder Leid vernichtet werden könnte.

Was, wenn du deine Ängste zulässt, durch sie hindurchgehst, egal wie sie aussehen und wie stark sie sind? Es ist Zeit zum Sterben, Zeit für den Tod deiner Illusionen, Verstrickungen und Abhängigkeiten, wenn du wirklich frei sein willst. Ansonsten schläfst du einfach weiter, spielst weiter das Spiel des Leidens und manchmal auch der Freude und des Glücks. Kein Problem. Und dennoch – deine Ängste und der Tod reichen dir die Hand. Sie warten auf dich, um dir das Tor zur Unendlichkeit zu öffnen. Es scheint nichts an ihnen vorbeizugehen. Gerade durch sie trittst du ein in Stille, in Ewigkeit, in das, was nicht stirbt und nicht geboren wird. Lass Angst und Tod geschehen, wenn sie geschehen wollen. Sie können das, was du bist, nicht zerstören. Vielmehr können sie dir helfen das zu erkennen, was du bist. Alle Angst scheint letztendlich auf die Angst vor dem Tod eines Körpers und eines identifizierten Ich zurückzugehen. Solange es eine identifizierte Person zu geben scheint, gibt es viel mehr Angst als notwendig ist.

So viel Angst ist gegangen, hat sich aufgelöst im Nichts. Materielle Ängste, viele Alltagsängste – einfach verschwunden im Nichts der Unendlichkeit. Selbst wenn sie wieder erscheinen würden, wäre das nicht von Bedeutung. Was immer war, was immer ist, jetzt, reines Sein, das Nichts, die Unendlichkeit. Das ist, was in Wahrheit ist, jenseits der Angst.

Gut und Böse, Licht und Schatten

In meiner Kindheit spielte die Auseinandersetzung mit Gut und Böse eine sehr wichtige Rolle. Ich wollte ein „gutes" Kind sein, so gut wie meine Mutter. Meine Mutter kam mir wie eine Heilige vor, immer sanftmütig, liebevoll, geduldig, zuverlässig, niemals wütend und sich stets selbstlos für die Familie aufopfernd. Demgegenüber nahm ich meinen Vater in jener Zeit als „den Bösen" wahr. Er war oft cholerisch, dominant, impulsiv und unberechenbar. Außerdem rauchte er zu viel und trank gern einen über den Durst. Ich lehnte ihn ab. In der Pubertät glaubte ich sogar ihn zu hassen. Ich wollte damals auf keinen Fall wie mein Vater sein. Doch genau das stellte sich als gar nicht so einfach heraus, denn sowohl im Temperament als auch in der äußeren Erscheinung war ich ihm sehr ähnlich. Wann immer jemand eine Bemerkung darüber machte, dass ich wie mein Vater aussehe, war ich tief verletzt.

Jeden Impuls, wütend zu werden, versuchte ich schnellstens zu unterdrücken, immer in der Hoffnung, dass niemand etwas davon gemerkt hatte. Und wenn ich wirklich einmal wütend war, fühlte ich mich schlecht und schuldig. Ich strengte mich sehr an, ein guter Mensch zu sein. Doch das war schwierig, denn immer wieder blitzte das „Böse" meines Vaters auch durch mich hindurch. Oh, wie ich ihn und mich dafür hasste.

Mein Bruder Christoph war, wie ich fand, sehr viel erfolgreicher in dem Bemühen, ein guter Mensch zu sein. Er schien introvertierter als ich und von Natur aus meiner Mutter ähnlicher. Meine Mutter, Christoph und ich bildeten eine Art „Dreieinigkeit" in Abtrennung zu meinem „bösen" Vater. Ich fühlte mich zwar zu meinem Bruder und meiner Mutter gehörig, hatte aber immer Angst, nicht mehr dazuzugehören, sobald etwas „Böses" von mir an die Oberfläche kam. Mein Vater hatte in dieser Konstellation kaum eine Chance.

Oft stritt ich mit meinem Vater, unter anderem darüber, wie er meine „unschuldige" Mutter behandelte. Ich zog offen gegen ihn ins Feld und mischte mich auch in Dinge ein, die mich gar nichts angingen. Aus heutiger Sicht betrachtet, legte ich ihm gegenüber genau das dominante, einmischende und sture Verhalten an den Tag, das ich ihm vorwarf. Wir waren in dieser Zeit ein rotes Tuch füreinander. Wenn er wütend war, schlug er mich. Meinen Bruder ließ er in Ruhe. Ich zog seinen ganzen Zorn und all seine Unberechenbarkeit auf mich. Ich hatte einen starken Willen. Etwas in mir sträubte sich mit aller Kraft, sich ihm unterzuordnen. Ich spürte die Angst, die Enge und die Unsicherheit hinter seinem autoritären Auftreten – und ließ mich nicht davon beeindrucken. Je mehr ich mich gegen seinen Willen und seine Autorität auflehnte, desto wütender wurde er. Ich war eine Provokation für ihn. Doch hinter all unserer Wut, der Empörung, den Demonstrationen der Macht und der Ohnmacht verbarg sich sehr viel Liebe und Verbundenheit, die später ans Licht kam.

Mit Anfang zwanzig begann ich das, was ich in unserer Familie als Gut und Böse erlebte, komplett in Frage zu stellen und mich grundsätzlich zu fragen: Was ist Gut und Böse überhaupt? Ist Wut schlecht und Harmonie gut? Ist Impulsivität schlecht und Besonnenheit gut? Ist Sanftheit gut und Härte schlecht? Ist es gut ja und schlecht nein zu sagen?

Das ganze System meiner Gedanken, Gefühle und Vorstellungen wurde auf den Kopf gestellt. Gott sei Dank. Angesichts der Herausforderungen des Lebens zeigte es sich, dass meine Vorstellungen vom „Guten" in manchen Situationen äußerst hinderlich waren. Ich sah in aller Deutlichkeit, dass mein Wertesystem begrenzt war. Ich erkannte immer mehr, dass alle Aspekte ihre Berechtigung haben. Ich nahm wahr, dass es in der unendlichen Liebe überhaupt kein Gut und Böse mehr gibt. Das was ich als schlecht und böse wahrgenommen hatte, erwies sich nun zum Teil sogar als wertvoll, lebendig, heilend und notwendig. Alles eine Frage der Sichtweise.

Auch unsere familiäre Situation sah ich plötzlich mit anderen Augen. Zunächst erkannte ich, was für einen schweren Stand mein Vater bei uns hatte. Er gab auf seine Art sein Bestes, was allerdings nie anerkannt worden war. Im Gegenteil, er war ausgeschlossen worden, damit wir unsere weiße Weste behalten konnten. Erst jetzt öffnete sich mein Herz für ihn. Erst jetzt konnte ich seine direkte Art, seine Ehrlichkeit und seine Impulsivität, seine Hilfsbereitschaft und seine Freude zu handeln schätzen. Während ich ihn früher verurteilt und ihm manchmal sogar die Schuld an den Schwierigkeiten meines Lebens gegeben hatte, war ich jetzt bereit, ihm und mir all das zu vergeben, was wir einander an Schmerz zugefügt hatten.

Vergebung ist nicht einmal das richtige Wort. Es war vielmehr ein In-Frieden-Sein mit dem, was gewesen war. Vieles verwandelte sich allein dadurch, dass sich meine Sichtweise von gut und böse änderte. In dem Moment, in dem der Kampf gegen meinen Vater zu Ende war, war auch ein großer Kampf in mir beendet. Plötzlich war ich in Frieden – auch mit meiner Impulsivität, mit meiner Dominanz, mit meinem Nein und mit meinen triebhaften menschlichen Anteilen. Die Angst, nicht „gut" genug zu sein, wurde schwächer. Lebendigkeit und Kraft wuchsen.

Nach wie vor gab es manchmal Spannungen zwischen mir und meinem Vater. Aber gleichzeitig entfaltete sich eine Liebe, die davon nicht mehr überschattet werden konnte. Als ich mit fünfundzwanzig Jahren heiratete, sagte mein Vater, es falle ihm schwer, mich loszulassen. Er spüre aber, dass es wichtig sei. Guido habe er von Anfang an sehr gemocht. Und er freue sich für mich. Dann fügte er noch hinzu, dass er heute vieles im Leben anders sehe als früher. Vieles, was er mir an Schmerz zugefügt habe, täte ihm leid. Er habe sich bemüht, es aber nicht besser gewusst. Mein Vater hatte sich in auffallender Weise verändert. Er war sichtbar ausgeglichener, verständnisvoller und liebevoller geworden. Was er sagte, berührte mich sehr und ich entgegnete, dass ich auch nicht einfach gewesen sei und auch meinen Anteil an allem gehabt habe. Ein Jahr zuvor hatte ich ihm in einem sehr offenen und direkten Brief geschildert, wie ich ihn als Kind und Jugendliche wahrgenommen hatte. Ich hatte ihm auch erzählt, wie groß meine Wut auf ihn gewesen war und wie sich meine Sichtweise und meine Gefühle gewandelt hatten. In dem Brief und in unserem Gespräch machte ich ihm deutlich, dass das Alte für mich erledigt war und dass ich keinerlei Groll mehr hegte. Ich war dankbar für das, was ich durch ihn gelernt hatte.

Früher hatte ich ihm meine Ablehnung sehr direkt gezeigt. Jetzt war das vorbei. Einfach beendet. Keine Schuld. Kein Schuldiger. Alle gleichermaßen beteiligt an diesem Spiel. Jeder hatte seine Rolle. Ich hatte mich mit ihm und mit mir selbst ausgesöhnt. Mein Vater sagte, er könne dies fühlen und freue sich darüber. Dennoch müsse er erst einmal sich selbst vergeben. Das war alles. Dann bestand er darauf, die Kosten für unsere Hochzeitsfeier zu tragen. Ich war sehr auf Unabhängigkeit bedacht und lehnte ab. Eine Freundin fragte mich das Naheliegende: „Warum nimmst du das Angebot nicht an?" Ich hatte schnell ein paar gute Gründe parat. Doch sie entgegnete: „Warum willst du deinem Vater diesen Ausgleich verwehren? Lass ihn das doch für dich tun. Lass doch zu, dass er euch das schenkt."

Ich spürte plötzlich, wie wichtig und richtig es war, dieses Geschenk anzunehmen. Für Guido war es ohnehin in Ordnung. Wir wollten aber nicht, dass sich mein Vater in unsere Planung einmischte. Es war also notwendig, ihm Grenzen aufzuzeigen. Er verübelte es uns nicht. Die Hochzeitsfeier war wunderbar, ein wirkliches Fest der Liebe, auch durch die Unterstützung meiner Eltern. Es kam mir vor, als wolle mein Vater mir seine ganze Unterstützung geben für einen Start in ein Leben voller Glück und Freiheit. Dafür bin ich ihm sehr dankbar.

Drei Jahre nach unserer Hochzeit starb mein Vater in Frieden mit sich und der Welt. Für mich war es sehr hilfreich, seinen

Tod mitzuerleben und die damit verbundenen Erfahrungen zu machen. Ein paar Tage vor seinem Tod besuchte ich zum ersten Mal gemeinsam mit ihm seine Stammkneipe. Er konnte kaum mehr gehen. Ich fühlte, wie wichtig es für ihn war, von diesem Ort Abschied zu nehmen. Ich spürte den Impuls mitzugehen. Früher hatte ich alles verurteilt und verabscheut, was mit seinem Alkoholkonsum in Verbindung stand. Immer hatte ich mich für meinen Vater geschämt, wenn er in einer Kneipe war und angetrunken oder gar betrunken nach Hause zurückkehrte. Als Kind und Jugendliche hielt ich immer einen gewissen Abstand von meinen Eltern, wenn wir spazieren oder einkaufen gingen, und tat, als würde ich sie nicht kennen. Auf keinen Fall wollte ich mit meinem Vater in Verbindung gebracht werden. Ich schämte mich abgrundtief und glaubte, niemand könne mich mehr mögen, wenn er erst meinen Vater kennen würde. Ich fühlte mich ausgeliefert und ungeschützt. Nur selten brachte ich eine Freundin mit nach Hause. Niemand sollte meinen Vater miterleben, wenn er getrunken hatte. Es war damals noch unvorstellbar, dass ich jemals mit ihm gemeinsam in seine Stammkneipe gehen würde. Das war die Höhle des Löwen, verabscheut und gefürchtet.

Das Thema Alkohol blieb spannungsreich bis zu seinem Tod, ungeachtet des liebevollen Kontaktes, den wir nun miteinander hatten. Es blieb bis zum Ende eine Herausforderung für mich, nicht zum „Moralapostel" zu werden, ihn nicht zu verurteilen, aber auch nicht alles mit therapeutischem Gequatsche und Harmoniegesäusel zu überdecken. Es war nicht leicht, ihn in seinen menschlichen Verstrickungen ebenso einfach sein zu lassen wie mich mit meinen Widerständen dagegen. Also ging ich, einem inneren Impuls folgend, mit ihm in die Höhle des Löwen.

Natürlich war mir ein wenig mulmig zumute. Ich stützte ihn. Aufrecht betrat ich die Kneipe. Ich holte tief Luft. Blitzartig schoss mir ein Gedanke durch den Kopf: „Was, wenn dich jemand hier sieht? Und dann noch mit Vater, der hier Stammgast ist?" Ich atmete wieder tief durch, war aber seltsam gelassen. Ich wollte hier sein – mit meinem Vater.

Und wie das Leben so spielt, begegnete ich den Eltern einer früheren Freundin. Sie spielten Skat. Früher wäre ich im Erdboden versunken, jetzt grüßte ich sie und blieb neben meinem Vater sitzen. Wieder atmete ich tief durch. Wieder blieb ich ruhig und gelassen. Nach einer halben Stunde, genau in dem Moment, in dem ich wieder gehen wollte, sagte mein Vater, dass ich jetzt besser gehen solle. Das sei wohl nicht die richtige Umgebung für mich. Wir vereinbarten, dass er anrufen würde, wenn ich ihn nach Hause begleiten sollte. Ich verließ die Kneipe, schaute mich noch einmal um und fühlte mich frei, voll von Liebe. Ich hatte der Scham in die Augen geschaut, der Angst, für meinen Vater und seine Abhängigkeit verurteilt zu werden, der Angst, ausgeschlossen und erniedrigt zu sein. Gleichzeitig erkannte ich, dass ich Angst gehabt hatte, für meine Unzulänglichkeiten verurteilt zu werden. Doch jetzt gab es nichts mehr zu verstecken. Liebe war. Liebe ist. Friede war. Friede ist.

Bevor mein Vater zwei Tage später starb, sagte er in liebevollem und fürsorglichem Ton: „Na, meine Kleine." Das waren seine letzten Worte an mich – und ich freute mich darüber. Nie zuvor hatte mein Vater mich „meine Kleine" genannt. Ich war nie die Kleine gewesen. Ich musste früh erwachsen sein. Bis kurz vor seinem Tod hatte ich nie das Gefühl gehabt, Kind sein zu können und von ihm beschützt zu werden. Jetzt stellte er mit einem einzigen unspektakulären Satz völlig selbstverständlich die fehlende Ordnung wieder her. Ich konnte seine Liebe zulassen. Dieser eine Satz war so berührend und so angemessen. Es war alles darin enthalten. Mehr Worte hätten nicht mehr bewirken können, als das, was durch diese drei Worte ganz selbstverständlich geschah. Vollendet – aufgelöst.

„Na, meine Kleine." Ich spürte die Liebe meines Vaters zu seiner Tochter. Und meine Liebe zu ihm. Ich begleitete ihn in die geistige Welt. Im Moment seines Todes, in dem ich seinen Kopf hielt, war da diese Stille, dieser Friede, die ich ein paar Jahre später endgültig fand. Im Moment seines Todes war niemand mehr zu erkennen. Da war die Erfahrung, dass er ich ist und ich er bin, dass da nur Stille ist – Friede – unendliches Bewusstsein.

Die Welt des Bösen, die Dunkelheit wurde immer lichter. Und plötzlich entpuppte sich das, was ich an meiner Mutter als regelrechten Heiligenschein wahrgenommen hatte, als das nicht einzig und allein Richtige und Gute. Es kam zu offenen Auseinandersetzungen mit meiner Mutter, was sich zunächst ungewohnt, aber durchaus gesund anfühlte. Mein Bruder durchlief einen ähnlichen Prozess, in dessen Verlauf er sich meinem Vater anzunähern und aus der Symbiose mit meiner Mutter und mir zu lösen begann. Doch diese Lektion über Gut und Böse, Licht und Schatten, Opfer und Täter sollte nicht die einzige bleiben. Viele weitere folgten ihr, bis diese Gegensätze endgültig als das Eine Sein erkannt wurden.

Früher fand ich mich oft in Opfer-Täter-Situationen wieder. Das kam auch in extremen Alpträumen zum Ausdruck, die ich bis Mitte zwanzig hatte. In diesen Träumen war ich immer das Opfer, das getötet werden sollte. Immer wieder hatte ich unbeschreibliche Todesängste. Unendlich grausam. Da war so viel Angst, die ich bis in die Knochen spürte. Oft war ich vor Angst völlig bewegungsunfähig. Ich spürte mich selbst einige Zeit nach dem Aufwachen nur noch als Skelett. Da war nichts als entsetzliche Angst in all meinen Knochen und Gliedern. Kein Fleisch mehr wahrnehmbar, nur noch Angst und Knochen. Das führte mich zur Dunkelheit, zur Kraft der Zerstörung, zum Hass, zur Wut, zur Täterenergie in mir selbst. Und später gab es dann auch zwei Träume, in denen ich plötzlich der Täter war. In einem dieser Träume schoss ich mehrmals voller Angst und Wut auf eine Person. Doch diese Person entpuppte sich als ein unsterbliches Wesen aus Licht, durch das die Kugeln, die ich abgeschossen hatte, hindurchflogen, als wären sie nie abgeschossen worden. Unverletzbar, unzerstörbar. Dieses Wesen kam auf mich zu und umarmte mich voller Liebe. Es sagte: „Ich liebe dich. Du bist geliebt." Ich war so überrascht. Ich weinte und weinte, voller Scham, voller Demut, voller Vertrauen. Ich war geliebt. Ich war angenommen, mitten in der Zerstörung, in dem Hass, der nichts wirklich bewirken, der das Wahre nicht zerstören konnte. Dieses Lichtwesen, dieses Symbol der Liebe, blieb unberührt von all dem Hass, von all der Zerstörung in mir. Auch dieser Traum veränderte meine Sichtweise von Opfer und Täter. Ich hatte beide Pole erlebt – den vertrauten des Opfers und jetzt auch den des Täters. Die Vereinigung dieser beiden Pole brachte Befreiung und Auflösung in der bedingungslosen Liebe.

Intensive Erfahrungen mit Gut und Böse, Opfer und Täter machte ich nicht nur in meinen Träumen, sondern auch im konkreten Leben. Mit neunzehn Jahren wurde ich zwei Mal innerhalb von ein paar Monaten vergewaltigt. Beim zweiten Mal schrie ich entsetzlich und wehrte mich mit aller Kraft. Da fing der Mann an, meinen Hals zuzudrücken, und drohte mich umzubringen, wenn ich nicht ruhig sei. So extreme Gefühle von Hilflosigkeit und Gegenwehr, von Wut und Angst. Doch in dem Moment, in dem ich die absolute Ernsthaftigkeit seiner Drohung spürte, geschah etwas Interessantes: Ich wurde einfach still. Ich wusste plötzlich, dass mir nichts passieren wird, wenn ich ruhig und still bin. Eine eigenartige Ruhe und Stille trat ein. Dann geschah einfach nur noch etwas – Vergewaltigung, Gewalt an meinem Körper. Doch es war niemand da, niemand, der Schmerz fühlte. Da war nur Ruhe und Stille. Ruhige Gedanken eines stillen Beobachters.

Als er mich gehen ließ, waren meine Kleider zerfetzt. Ich war irgendwo in Rom, an einem Platz, den ich nicht kannte. Ich lief mit diesen zerfetzten Kleidern durch die Straßen. Ich war allein. Ich weinte und weinte. Irgend etwas war still. Da war nur dieses starke Weinen. Gleichzeitig war es, als hätte es diese Erfahrung nie gegeben. All diese Erfahrungen, auch die Erfahrung der anderen Vergewaltigung, geschahen nicht ohne Grund. Es war Anziehung. Opferenergie hatte die Täterenergie gesucht. Ich wusste damals nichts über Karma und spirituelle Dinge. Und doch hörte ich immer diesen Satz in mir: „Jetzt ist etwas zum Abschluss gekommen." Befreiung. Frieden.

Bei beiden Vergewaltigungen und besonders bei der beschriebenen, die wirklich extrem war, hatte ich das Gefühl, dass nichts davon zurückblieb. Ich war weder belastet noch eingeschränkt durch diese massiven Erfahrungen. Sie hatten nicht dazu geführt, dass ich Berührungen, Sinnlichkeit und Nähe mit Männern nicht mehr genießen konnte. Es war, als seien diese Erfahrungen nie gemacht worden. Es blieben weder Alpträume noch schreckliche Bilder oder Erinnerungen. Sie waren wie ausgelöscht. Natürlich konnte ich mich erinnern, was geschehen war, und die Geschehnisse beschreiben. Und dennoch gab es kein Trauma. Es blieb nichts außer einer Geschichte. Das kam mir selbst abstrus vor.

Als ich ein paar Jahre später als Therapeutin in einer Klinik arbeitete, vermutete ich hier eine typische Verdrängungsreaktion, um Schmerz zu vermeiden. Doch andererseits gab es kein wirkliches Entsetzen, kein Leiden, das durch diese Vergewaltigungen hervorgerufen worden war. Ich ging in die Tiefe und forschte. Genau wie ich würden die meisten Psychotherapeuten wahrscheinlich vermuten, dass hier nur Verdrängung im Spiel sein konnte. Doch das war es nicht. Ich merkte, dass ich Gedanken und Gefühle hätte produzieren und mich in irgendetwas hätte hineinsteigern müssen, um etwas zu finden, das es zu befreien, anzuschauen und zu bearbeiten galt. Da war nichts. Ich hatte vielmehr das Gefühl, dass durch diese Vergewaltigungen eine Befreiung stattgefunden hatte. Etwas war zum Abschluss gekommen, ohne dass ich wusste, was das gewesen sein könnte. Es war auch nicht wichtig. All meinem therapeutischen Wissen und meiner Erfahrung zum Trotz gab es hier nichts zu „verarbeiten". Ich hätte mir krampfhaft ein Trauma erschaffen müssen.

Da war eine Opfer-Täter-Thematik, die immer wieder auftauchte und mit der ich mich auseinanderzusetzen hatte. Es ging auch um unterdrückte Wut und Zerstörungskraft. Auch wurde deutlich, dass die weibliche Energie in mir von der männlichen unterdrückt und vergewaltigt wurde. Mit den Gefühlen und Dynamiken, die damit verbunden waren, setzte ich mich auseinander. Etwas in mir hatte diese Vergewaltigungen schließlich angezogen, auch wenn es auf der offensichtlichen, praktischen Ebene scheinbar nichts gab, was ich dazu beigetragen haben könnte. Es schien wirklich, als sei ich das Opfer dieser Situation gewesen. Und dennoch fand ich mich in der Situation mit diesem Mann, weil eine Resonanz da war.

Es gibt also diese Geschichte, die abhängig davon, wie sie betrachtet wird, die schreckliche Geschichte eines harmlosen kleinen Opfers zu sein scheint. Es könnte scheinen, als sei ich armes Wesen durch „schreckliche Zufälle" in diese Situation geraten. Das war aber nicht so. Es war das, was geschehen wollte. Und etwas blieb unberührt. Warum sollte ich, nachdem es beendet war, noch einmal so etwas wie Abscheu und Wut erzeugen? Diese Gefühle waren nicht mehr da. Es war nichts geblieben. Gefühle kamen und gingen. Wie grausam diese Situation auch gewesen war, die Essenz ist davon nicht berührt worden.

Während ich dies schreibe, bin ich zum ersten Mal jenem Menschen dankbar, der mich diese wichtige Erfahrung machen ließ. Er macht es mir jetzt möglich, diese Geschichte mit dir zu teilen. Indem er mich körperlichen Schmerz und Demütigung erfahren ließ und mir drohte, meinen Körper zu töten, wenn ich schrie, öffnete er die Tür, durch die ich in die Stille gelangte. Ich fiel in das, was unberührt bleibt, jenseits von körperlichem Leiden und körperlichen Schmerzen, jenseits von dem Gefühl, bedroht zu sein. Befreiung. Friede. Jetzt. Tiefe Dankbarkeit.

Intensive Gefühle wollen auch ihren Ausdruck finden. Wut, Schreie, Tränen, Lachen und Freude können geschehen. Doch die Stille, der Friede ist. Mit Stille meine ich nicht das Totstellen oder das Unterdrücken von Gefühlen. Gefühle geschehen. Kein Problem. Ein Problem gibt es nur, wenn du an ihnen haftest, sie mit Geschichten nährst oder unterdrückst. Das, was ich bin, hat keinen Schaden genommen durch diese Vergewaltigungen. Vielmehr war etwas zum Abschluss gebracht worden, ohne dass man genauer hätte erklären können, was. Ich erkannte einmal mehr, dass es nichts außerhalb von mir selbst gab. Auch all die „negativen Energien", die Schatten, denen ich begegnete, sind das, was ich bin.

Ich werde ab und zu gefragt, wie ich mich grundsätzlich und ganz besonders als Channel beim Übermitteln von Botschaften gegen negative Energien schütze. Das Thema negative Energien hat sich aufgelöst. Es gibt keine Resonanz mehr. Was sind negative Energien? Da ist weder ein Ich noch sind da negative Energien. Was, wenn es nur unendliches Sein, unendliches Bewusstsein gibt? Alles nur Illusion, alles nur Erscheinungen. In meinem Erleben sind negative Energien nur Anteile von uns selbst, die wir als negativ beurteilen und nicht anschauen wollen. Alles ist Liebe. Die negativen Energien sind nur in unserer Bewertung negativ. In Wirklichkeit sind sie nichts. Es sind vielmehr Energien, die dir auch erkennen helfen, dass du alles bist und nichts.

Es gab eine Zeit, in der ich sehr schnell „dunkle, verhaftete Energien" in Räumen und um Menschen wahrnahm. Eines Nachts, als ich im Bett lag, spürte ich die Anwesenheit einer solchen Energie – dunkel und voller Hass. Ich hatte unbeschreibliche Angst. Ich fühlte, dass diese Energie Zugriff auf mich und meinen Körper haben wollte. Dieses Gefühl war so massiv, dass ich wieder einmal Todesängste durchlitt. Es war zu dieser Zeit ein sehr glückliches Leben. Und doch waren in dieser Nacht diese unendlichen Ängste da. Obwohl ich schon seit einigen Jahren in psychiatrischen Einrichtungen arbeitete, waren mir Psychosen im Vergleich zu Depressionen oder Suchterkrankungen immer ein wenig unverständlich und suspekt geblieben. Eine Psychose schien die, bei meiner psychischen Struktur, am weitesten entfernte Möglichkeit einer psychischen Erkrankung. Nun spürte ich zum ersten Mal, dass etwas wie dieses in eine Psychose führen könnte, wenn es öfter passierte.

Am nächsten Morgen war es, als hätte es diese entsetzliche Nacht nicht gegeben. Ich hatte wieder Kraft, ging zur Arbeit, war sehr glücklich mit Guido. Dennoch fühlte ich, dass es wichtig war, den Geschehnissen dieser Nacht auf den Grund zu gehen. Eine Freundin riet mir, eine hell- und aurasichtige Frau aufzusuchen, die „Ablösungen von negativen Energien" durchführte. Ich hatte zwar keine Ahnung, wie eine Ablösung von „negativen" Energien aussehen sollte, spürte aber den eindeutigen Impuls dort hinzugehen. Obwohl diese Frau normalerweise Wartezeiten von einem halben Jahr hat, bekam ich schnell einen Termin. Sie erzählte mir diese Geschichte: Ein Wesen, das einmal meine Schwester gewesen war, hasse mich abgrundtief. Es sei so sehr in dunklen Sphären gefangen, dass es momentan nicht in den Zyklus der Inkarnationen eintreten könne. Ihr Hass und ihre Absicht, Einfluss auf mein Leben zu nehmen, seien sehr stark. In einigen Inkarnationen habe sie mich sogar getötet.

Die Frau sagte, sie würde etwas dagegen tun, und gab mir gleichzeitig den Rat, Schattenarbeit zu machen. Für mich war das eine Geschichte. Beschreibungen von Erlebnissen aus vergangenen Leben, selbst von denen, an die ich mich selbst erinnerte, schenkte ich nie absoluten Glauben, wenngleich ich sie auch nicht als Unsinn abstempelte. Ich sah sie nur als eine Möglichkeit, vor allem aber als Hinweis auf bestimmte Dynamiken in mir. Wie dem auch sei, jene dunkle, hasserfüllte Energie begegnete mir nie mehr. Ich habe keine Ahnung, was diese Frau getan hat. Vielleicht war es wirklich eine energetische Ablösung. Ist ja auch völlig egal. Ich war ihr auf jeden Fall dankbar.

Doch noch viel wichtiger war ihr Rat, „Schattenarbeit" zu machen. Ich setzte mich mit meiner Wut auseinander, mit der Energie der Zerstörung und des Tötens, mit meinem Wunsch, nicht auf dieser Erde zu sein. Ich wollte die Opferrolle verlassen und mich abgrenzen lernen. Während meiner Pubertät hatte ich immer das Gefühl gehabt, dass mir ein bestimmtes Gen fehle, das für die natürliche Fähigkeit zur Abgrenzung sorgt. Ich fühlte mich so leicht angegriffen und verletzt, so schnell überrollt. Es schien keinen natürlichen Impuls zu geben, sich selbst zu behaupten und abzugrenzen. Ich fühlte mich so schnell schuldig und glaubte immer, „alles" nicht richtig zu machen. In jener Zeit fühlte ich mich der Welt hilflos und völlig ungeschützt ausgeliefert.

Jetzt lernte ich, nein zu sagen, Grenzen zu setzen und mich zu behaupten. Ich lernte, nicht alles auf mich zu beziehen und mich nicht ständig in Frage zu stellen. Ich entwickelte ein Gefühl für Grenzen, für ein Nein, von dem ich früher geglaubt hatte, es sei mir einfach nicht in die Wiege gelegt worden. Opfersituationen ergaben sich nicht mehr. Die Auseinandersetzung mit „meinem Schatten" brachte Freiheit und Heilung.

Die Tendenz, die so genannten negativen Energien als getrennte Täterenergien zu sehen, die nichts mit uns zu tun haben, während wir als „lichte, gute" Wesen nur ihr Opfer sind, verstärkt diese Energien. Der Schutz, mit dem du dich umgibst, kann noch so stark sein und das Licht, in das du dich einhüllst, noch so hell, beides wird dir auf Dauer nicht wirklich helfen. Denn hier findet ein Kampf zwischen Energien statt, die nur deshalb gut und schlecht sind, weil du sie als gut und schlecht beurteilst.

Wenn in mir Wut und Zerstörung herrschen, die ich nicht sehen will, ziehe ich durch Resonanz diese Energie im Außen an. Hier stellt sich die Frage, was positive oder negative Energien überhaupt sind? Das unendliche Licht, das Nichts, die Unendlichkeit, vereinigt Licht und Schatten, Gut und Böse, die Dualität. All das löst sich im Nichts auf. Es existiert in Wahrheit nicht. Das Licht, das den Schatten getrennt von sich wahrnimmt, ist nicht das letztendliche Licht. Ich glaube nicht an die weit verbreiteten religiösen und spirituellen Geschichten vom Kampf der dunklen gegen die hellen Mächte. Ich glaube nicht, dass wir als „Lichtarbeiter" die Welt retten müssen und können und dass die Dunkelheit uns „Gute" daran hindern will.

Das einzige, was uns hindert, sind wir selbst und der Glaube an die Realität dessen, was in Wahrheit nur Illusion ist. Das letztendliche Licht, das unendliche Sein vereint Licht und Schatten. In ihm lösen sich Licht und Schatten auf. Der Schatten ist genauso nur das Eine Sein und göttlich wie das Licht. Kein Unterschied. Es ist nur menschliche Beurteilung, menschliches Denken, das diese Formen erschafft. Damals, als ich so viele Ängste hatte, dachte ich in Kategorien von Gut und Böse, Licht und Schatten. Und genau das erlebte ich, genau das zog ich an. Im Gewahrsein der Unendlichkeit gibt es nichts, was zurückgewiesen oder abgelehnt werden müsste. Alles ist eine Erscheinung, eine Reflexion des unendlichen Seins. Licht und Schatten lösen sich auf im Meer der Unendlichkeit. Alle Aspekte des menschlichen Seins wollen geliebt und als das Eine erkannt werden. Niemals hat dir wirklich jemand etwas Böses angetan. Niemals war da jemand, der dir wirklich etwas Gutes tat. Es ist wie es ist. Unendliches Sein. Alles nur Geschichten. Alles nur Erscheinungen.

Was habe ich davon, wenn ich alten Geschichten nachhänge, um mich als „die Gute" darzustellen, als Opfer der Geschehnisse? Was habe ich davon, wenn ich mich mein Leben lang als vergewaltigte Frau identifiziere? Wie viel Macht bekämen diese Geschichten über mein Leben? Was wäre, wenn ich immer noch meinen Eltern die Schuld gäbe an den Schwierigkeiten meiner Kindheit und Jugend? Es gäbe immer nur Leid.

Gerade massive Schwierigkeiten erweisen sich später oft als großes Geschenk, als Gnade, denn sie lassen dich erkennen, was du verleugnest. Meine Kindheit und Jugend erlebte ich als sehr schwierig und belastend. Doch jetzt scheint es, als habe es auch in jener Zeit immer nur Stille und Unendlichkeit gegeben. Das ist es, was wirklich immer ist und war. Es ist, als erzähle ich Geschichten, die ich zufällig irgendwann einmal gelesen habe. Was hat das mit dem zu tun, was ich bin? Wie viel Schmerz und Leid würde ich erzeugen, wenn ich diesen Geschichten immer wieder Energie gäbe? Wie viel Macht gäbe ich all dem, wenn ich glaubte, diese Geschichten zu sein? Was ist mit diesem Moment? Was ist mit der Vollkommenheit dieses Momentes, wenn ich so verrückt wäre, diesen Geschichten Energie zu geben und mich damit zu identifizieren? Was ist, wenn jetzt alles, wirklich alles beendet ist? Jetzt, in diesem Moment ist alles vollkommen. Genau wie jeder Moment deines Lebens vollkommen war und ist. In keinem Moment gab es einen Fehler. Nichts, was nicht wirklich vollkommen war und ist. Was hätte anders sein sollen? Woher willst du wissen, dass es hätte anders sein sollen? In der Geschichte meines Lebens war und ist alles vollkommen. All der Schmerz war vollkommen. All die Geschichten waren vollkommen. Sie haben mich in die Freiheit geführt. Sie haben mich erkennen lassen, dass ich weder Gut noch Böse, weder Opfer noch Täter, weder Vergewaltigte noch Vergewaltiger bin und gleichzeitig doch all das. Unendliche Vollkommenheit. Dankbarkeit für das Geschenk dieses Lebens, jetzt, in Stille, in unendlichem Gewahrsein. Wir sind alles, was ist, und alles ist in uns. Wir sind das, was jenseits aller Erscheinungen und Geschichten liegt: Friede, unendliche Liebe.

Die Unendlichkeit, das Nichts scheint eine Bedrohung zu sein für das, was sich mit Namen, Gedanken, Gefühlen und einer Geschichte identifiziert. Es ist eine Bedrohung für das, was in Gut und Böse, Richtig und Falsch, Moralisch und Unmoralisch unterteilt. Es ist eine Bedrohung für die Kontrolle des Identifizierten, für den Verstand, für die Vorstellungen von Recht und Ordnung, für die für wahr gehaltene Realität. Es ist auch eine Bedrohung für das „Heilige", für das Licht, das den Schatten nicht sehen will. So viel Angst in uns Menschen – vor der Dunkelheit, vor dem Schatten, vor dem Unbekannten, vor dem Tod.

Was ist, wenn all das, was die Menschheit und jeder einzelne als gut und böse, richtig und falsch wahrnimmt, nur eine Illusion ist? Gut und böse, richtig und falsch sind keine klar definierten, allgemein gültigen Begriffe. Schon eher sind sie so etwas wie Stempel, die wir den Dingen aufdrücken, nachdem wir sie einer individuellen, subjektiven Bewertung unterzogen haben. Was ist, wenn nichts davon wahr ist? Was ist, wenn die Wahrheit in allem gleichzeitig liegt, jetzt, im Nichts der Unendlichkeit? Was ist, wenn die Wahrheit jenseits aller Vorstellungen liegt, jenseits aller Erscheinungen, jenseits des Messbaren, jenseits aller Dogmen? Was ist, wenn Licht und Schatten, Gut und Böse und alle anderen Gegensätze nicht wirklich existieren? Was, wenn sich all das auflöst in ein nicht endendes bewusstes Sein? Was ist, wenn wir uns nur deshalb mit Gut und Böse, Falsch und Richtig identifizieren, damit die Angst vor dem Tod und vor der Auflösung im Nichts nicht zu Tage tritt? Was, wenn alles, was ist, dieselbe Essenz, unendliches Bewusstsein ist? Was ist, wenn Gut und Böse, Licht und Schatten, Falsch und Richtig nicht wirklich von Bedeutung sind? Wenn die Identifizierung mit all den Geschichten, auch mit denen von Gut und Böse, aufhört, steht die Zeit still. Dann ist da nur das – Jetzt – die Unendlichkeit.

Hat Gut und Böse, Licht und Schatten und die Suche nach dem Licht, dem einzig Richtigen und Perfekten die Menschen nicht schon immer bewegt? Ging es nicht immer wieder um Richtig und Falsch, Gut und Böse und um das, was sein darf und was nicht? Dadurch ist immer wieder großes Leid entstanden. So viel Leid, weil die Vollkommenheit eines jeden Augenblicks verleugnet wurde. So viel Leid, weil der Schleier des Vergessens über das Eine in Allem gebreitet wurde, jener Schleier, der trennt und entzweit. Damit beginnt der Kampf um Macht, Rechthaben, Erniedrigung und Aufwertung. Damit beginnen all diese Spiele, die wir schon seit unendlich langer Zeit spielen. Was ist, wenn wirklich alles vollkommen ist und seine Berechtigung hat – genau so, wie es ist? Wenn es nichts gibt, das anders sein müsste? Was ist, wenn nichts in dir und in der äußeren Welt falsch ist? Was, wenn alles dieselbe göttliche Essenz ist, unendliches Sein?

Viele Menschen, besonders gläubige, spirituelle oder philosophisch orientierte, streben danach, „besser" zu werden. Wir strengen uns an und fühlen uns schuldig, weil wir einfach nie gut genug sind. Wir sehnen uns nach Liebe und Frieden. Doch Liebe und Frieden sind durch Ausgrenzung oder Ausschluss von etwas niemals zu finden. Indem wir ausgrenzen, bestrafen wir uns selbst. So werden Gefühle und Gedanken, die wir auf dem „Weg zum Licht", zur „Einheit mit Gott" für störend halten, unterdrückt, ausgemerzt und mit unglaublicher Strenge behandelt. Glaubst du, dass es Dinge gibt, die göttliches Bewusstsein in sich tragen und andere nicht? Was sind deine Vorstellungen von Gut und Böse, Richtig und Falsch? Es geht wirklich um alles. Es geht ans „Eingemachte". Es erzeugt so viel Schmerz, wenn wir spiritueller sein wollen, als wir sind. So viel Schmerz entsteht, wenn wir nach dem Licht streben und dabei den Schatten übersehen.

Unsere Schatten sind oft abgespaltene und unterdrückte Gefühle und Gedanken der Macht und der Kontrolle, der Eifersucht und der Wut, des Zweifels und der Konkurrenz. Wenn wir auf der Suche nach dem Licht, nach dem Einssein das eine für lichtvoll und göttlich halten, während wir anderes als dunkel und schlecht abwerten, als etwas, aus dem wir uns schon längst erhoben haben sollten, gibt es Trennung, Schmerz und Leid. Es ist ein

Weg der Verstrickungen. Nichts ist falsch daran, dass du verstrickt bist. Doch wenn du wahre Freiheit willst, musst du dir diese Punkte anschauen. Die Unendlichkeit schließt Gut und Böse ein, das Licht und den Schatten, beide Pole der Dualität. Wenn du Licht und Schatten sein lässt wie sie sind, ohne dich mit dem einen oder dem anderen zu identifizieren, findet die Vereinigung von beidem in dir statt. Du fällst in das Sein, in den unendlichen, raumlosen Raum des Nichts.

Die Vorstellung, dass es Richtig und Falsch gibt, Gut und Böse und die Notwendigkeit, perfekt zu sein, ist eine große Falle. Das, was ist, scheint nicht gut genug zu sein, nicht vollkommen. Nimm dich jetzt an, mit all deinen Schwächen und Unzulänglichkeiten. Sag ja zu dir selbst und zu allem, was ist. Nicht erst morgen, wenn du glaubst weiterentwickelt zu sein. Nein, jetzt in diesem Moment. Nimm dich an mit all deinen menschlichen Fehlern, mit all deinen scheinbaren Unzulänglichkeiten. Noch nicht einmal das Erwachen ist von „guten oder schlechten" Gefühlen, von Gedanken und Angewohnheiten abhängig. An unserer Menschlichkeit ist nichts falsch. Im Gewahrsein der wahren Essenz, der Vollkommenheit in allem, was ist, spielt es keine Rolle, ob wir rauchen, Fleisch essen, eifersüchtig, traurig oder ängstlich sind. Es geht nicht darum, irgendeine Angewohnheit oder ein Gefühl auszumerzen. So, wie alles in diesem Moment ist, ist es vollkommen. Auch wenn du verschiedene Aspekte abspaltest, dein Leben in Gut und Böse unterteilst und all dem Glauben schenkst, ist das in Ordnung. Es ist nur die Frage, was du willst. Wenn du wirklich frei sein willst, könntest du die Vorstellungen überprüfen, die du von Gut und Böse hast, von Richtig und Falsch und von persönlicher und spiritueller Weiterentwicklung.

Es erzeugt Leiden, wenn du dich gegen das stellst, was ist. Es bereitet Schmerz, wenn du wünschst, dass die Menschen und die Umstände in deinem Leben anders sein sollten, damit du glücklich sein kannst. Nie wird der Tag kommen, an dem du so gut und perfekt bist, wie du es dir vorstellst. Nie wirst du perfekt sein und dir das Erwachen endlich „verdient" haben. Wer sagt, dass irgendetwas an dir falsch, schlecht oder nicht vollkommen ist? Woher weißt du, dass alle Menschen freundlich lächelnd, über sämtliche Gefühle erhaben und in Harmonie und Frieden leben sollen? Liebe, Unendlichkeit und Stille sind immer da. Du kannst sie nur nicht wahrnehmen, wenn du in der Dualität verstrickt bist. Dennoch sind sie immer da, unabhängig von den Geschehnissen in der äußeren Welt und in deinem Leben. Tiefen Frieden und Stille kannst du immer finden, auch wenn es Wut und Ärger, Angst und Traurigkeit, Rauchen und Fleischkonsum gibt. Die Stille, die Unendlichkeit, das was du wirklich bist, bleibt davon unberührt. Du siehst die Welt der Erscheinungen kommen und gehen. Obwohl du im Gewahrsein der Unendlichkeit nicht mehr als einzelne identifizierte Person existierst, lebst du in einem Körper.

Kannst du spüren, wie viel Leid entsteht, wenn du an Vorstellungen von Gut und Böse, Richtig und Falsch haftest, wenn du nach dem Licht strebst und den Schatten ignorierst? Welche Anstrengungen unternehmen wir, um noch besser zu werden, um endlich perfekt zu sein? Auf diese Weise werden wir wahren Frieden nie in uns finden, sondern uns nur schuldig fühlen und selbst abwerten. So viele Erwartungen und Schuldzuweisungen an andere Menschen, an die Regierung, an die Politiker. Was glaubst du, wie viele Bemühungen und wie viel Zeit die Menschen schon investiert haben, um besser, anders, kurz perfekt zu werden? Was glaubst du, wie viel zerstört wird und wie viel Lieblosigkeit an den Tag gelegt wird in jenem Kampf gegen all das, was nicht sein darf? Das ist der Lauf der Dinge, die Entwicklung des menschlichen Lebens. Auch vollkommen, so wie es ist.

Um zu erwachen, musst du kein „besserer" Mensch werden. Bei mir ist das jedenfalls nicht passiert. Sei so, wie du bist, mit all deinen Gedanken und Gefühlen. Lass sie einfach geschehen, ohne sie zu unterdrücken, zu forcieren und dich damit zu identifizieren. Wer sind wir, dass wir glauben, alles müsse anders sein? Welche menschliche Arroganz. Das Ego hält sich für so mächtig. Doch eigentlich ist es nur menschliche Unwissenheit. Ein Ego scheint nur ein Ego zu sein. Wenn dein scheinbares Ego die Regie führt, kein Problem. Nichts, wofür du dich bestrafen oder abwerten müsstest. Es ist wie es ist. Leid beginnt, wenn du gegen das ankämpfst, was du als schlecht bewertest, und wenn du dich anstrengen musst, um gut zu sein. Leiden entsteht auch durch die Bestrafung, die du dir mit unglaublicher Härte auferlegst, weil du es wieder einmal nicht geschafft hast. Das, was du bist, die Essenz ist immer vollkommen. Keine Vergangenheit, keine Zukunft. Unendliches Sein.

Vielleicht schaust du einmal, wo du in Gut und Böse trennst, in Licht und Schatten, in das, was du lieben kannst und in das, was du verabscheust. Betrachte die Strenge, die Härte und die vernichtende Kraft, die in der Identifizierung mit deinen Bewertungen und deinen Urteilen liegen. Welche Ansprüche stellst du an dich, welchen Perfektionismus erwartest du von dir? Was glaubst du erreichen und sein zu müssen, um für immer der Unendlichkeit gewahr zu sein? Wie sieht es aus mit all den Geschichten über schlechte und gute Menschen, über helle und dunkle Energien und Mächte, die in dir und außerhalb von dir gegeneinander kämpfen? Was wäre, wenn das in Wahrheit unbedeutend ist? Nichts existiert getrennt von dir. Alles, was du im Außen wahrnimmst, ist in dir. Wenn es für dich schlechte Menschen, Energien und Mächte gibt, solltest du dich fragen: Was ist mit dem Dunklen, mit dem Schatten, mit der Machtgier in mir? Was ist mit all den egoistischen, mörderischen Gedanken in mir? Was spricht dagegen, dass all dies auch in mir ist?

Du kannst geschehen lassen, was ist. Nichts, wodurch der innere Friede, unendliche Liebe, alles und nichts berührt, geschweige denn gestört werden könnte. Erkenne, dass Licht und Schatten, Gut und Böse nur eine Erscheinung sind. Es ist ein Spiel, in dem du dich selbst gefangen hältst. Wenn du nach der letztendlichen Wahrheit suchst, musst du hinter das schauen, was du als Licht und Schatten, Falsch und Richtig, Gut und Böse bezeichnest. Dann ist es Zeit, deinem Ruf zu folgen und das All-Eine zu erkennen, zu finden.

Was ist denn wirklich falsch an der Welt und an den Menschen? Woher willst du wissen, dass dies alles anders sein sollte? Wie viele Kriege und Kämpfe werden innen wie außen geführt, weil jemand glaubt, etwas sei besser und richtiger als etwas anderes. Selbst wenn wir uns für Boten des Friedens und des Lichtes halten, lebt dieselbe Brutalität auch in uns. Sie ist in uns, wenn wir die Dinge nicht so sein lassen, wie sie sind. Sie ist in uns, wenn wir uns selbst abwerten, weil wir „noch" Gefühle wie Wut, Angst oder Betroffenheit haben. Sie ist wie eine Armee, die verschiedene Gedanken und Gefühle erbarmungslos und voller Verachtung ausmerzen will. Auf diese Weise wird das Leiden nicht beendet, selbst dann nicht, wenn all dies aus den edelsten religiösen, philosophischen, esoterischen, politischen oder humanitären Motiven heraus geschieht. Es hält dich nur in der Illusion der Dualität gefangen. Das ist alles. Du hast nie wirklich etwas falsch gemacht. Genauso wie du nie wirklich etwas richtig machen konntest. Es ist vollkommen in jedem Moment. Dein wahres Zuhause, die Stille, die Unendlichkeit, das Nichts sind immer existent.

Um das zu erkennen, musst du kein „Heiliger" werden und all deine „schlechten" Gewohnheiten aufgeben. Es ist sonst nur eine nie endende Geschichte der Anstrengung und des Kampfes. Wie lange bemühst du dich schon um Perfektion, nur damit du endlich glücklich sein kannst und geliebt wirst? Bist du jemals angekommen? Selbst wenn du dich ehrlich auf die Suche nach Befreiung und Frieden machst, gerätst du in Verstrickungen und Kampf, wenn du vehement an Richtig und Falsch, Gut und Böse festhältst. So unendlich viel Leid. Angebliche Dunkelheit muss nicht zurückgewiesen werden. Hinter der Dunkelheit, der Traurigkeit, der Wut, dem Hass und der Zerstörung liegt immer dieselbe Essenz, dasselbe Sein. Die Dunkelheit kommt und geht. Die Stille, der unendliche Friede, kann nicht von ihr berührt werden.

Friede ist, wenn du ja sagst, auch zu dem Nein, zu der Wut, der Liebe, der Traurigkeit, der Freude, zu deinen Ängsten und Zweifeln und zu deinen „Unzulänglichkeiten". Im Gewahrsein der Unendlichkeit, des Nichts ist alles vollkommen, was ist, und sei es aus menschlicher Sicht noch so grausam. Das heißt nicht, dass es kein konkretes Handeln gegen Leid und Grausamkeit geben kann. Friede ist, wenn du von nichts mehr abhängig bist, um in Frieden zu sein. Wie viele Menschen haben seit Anbeginn der Zeit versucht, die Umstände zu verbessern, Frieden zu schaffen, Hunger zu beseitigen. Und dennoch hat es seit Menschengedenken immer wieder Hunger und Krieg gegeben. All diese Dinge im Außen wirst du nicht ändern können.

Aber du kannst deinen Frieden finden. Du kannst in Frieden sein mit dem Streit, der Traurigkeit, dem Krieg, mit den Zweifeln, mit der Angst und mit deinen angeblichen Unzulänglichkeiten. Das ist das größte Geschenk, das du den Menschen, deiner Familie, deinen Freunden und der ganzen Welt machen kannst. Wenn kein Mensch mehr etwas ändern muss, um in Frieden zu sein, und wahres Sein erkennt, dann ist wahrscheinlich wirklich Friede auf der Erde. Aber wer weiß das schon? Und doch gibt es Frieden und Liebe auch jetzt schon auf der Erde – zu jeder Zeit. Sie sind immer und ewig. Wir können sie nur nicht wahrnehmen, solange wir in der Welt der Illusionen gefangen sind.

Vielleicht glaubst du, dass die Welt aus den Fugen gerät und immer zerstörerischer wird, wenn es keine Identifizierung mit Gut und Böse mehr gibt und die Menschen sich nicht um das „Gute" bemühen. Das ist meiner Erfahrung nach nicht der Fall. Es geht wirklich erst einmal nur um dich und dein Leben. Nur dafür trägst du die Verantwortung. Wie oft übernehmen wir scheinbar Verantwortung für Dinge, die uns gar nichts angehen. Wir glauben oft besser zu wissen, wie die Welt und das Leben anderer Menschen auszusehen hat. Was ist mit der Verantwortung für uns selbst? Damit haben wir mehr als genug zu tun. Göttliches Sein ist auch in dem Verbrecher auf der Straße, in dem Verwundeten, in dir, in der Verzweiflung, in der Gier, im Tod und in der Geburt. Göttliches Sein in deinen Zweifeln und in deinen Ängsten, in der Freude und in der Ekstase, in und jenseits von all dem. Nichts fällt aus dem Nichts der Unendlichkeit heraus. Nichts ist ausgeschlossen. Alles enthalten, nichts vorhanden. Auflösung von

Anstrengung und Kampf. So wie es ist, ist alles in vollkommener Ordnung.

Lass die Vorstellung los, dass dein Leben anders sein sollte, dass deine Gedanken und Gefühle so nicht in Ordnung sind. Erscheinungen, Gedanken, Gefühle und Ereignisse kommen und gehen. Nicht notwendig, sie zu verleugnen oder gegen sie zu kämpfen. Lass sie geschehen. Sei still und erkenne das wahre Sein, die Essenz darin.

Vorstellungen von Gut und Böse, Richtig und Falsch erzeugen nur Schuldgefühle. Dieses Spiel haben wir so lange und so oft gespielt. Es braucht keine besseren Menschen, um die Erde zu retten, weil die anderen so schlecht sind. Das Ego hofft, durch den Glauben an einen besonderen Auftrag Bedeutung und Macht zu gewinnen. Auf seine Art weiß das Ego selbst die höchsten und heiligsten Ziele, Wünsche und Ideen für sich zu nutzen. Es versucht, dich glauben zu machen, dass es eine Person, ein Ego gibt. Letztendlich gibt es aber auch kein Ego. Und doch versucht es, selbst die Wahrheit zu imitieren, zu verdrehen und zu benutzen. Es gibt vielfältige, oft sehr gut getarnte menschliche Verstrickungen in Mechanismen der Macht und Kontrolle. Das schließt besonders den spirituellen, religiösen, therapeutischen und philosophischen Bereich nicht aus. Nichts und niemand ist davon ausgeschlossen.

Wir haben wirklich genug mit uns selbst zu tun, um zu erkennen, dass wir weder Gut noch Böse, weder Opfer noch Täter, weder Licht noch Schatten sind. Nur das Eine Sein, die Unendlichkeit.

All die Worte, die bis hierher geschrieben wurden, höre ich nun schon zum zweiten Mal von der besprochenen Kassette und tippe sie in den Computer. Auf wundersame Weise ist der Text aus dem Computer verschwunden. Ein Rätsel. Ich bin im Sternzeichen Jungfrau geboren und neige dazu, „zur Sicherheit" alles doppelt und dreifach zu speichern. So auch dieses Mal. Es hat nichts genutzt. Auch gut. Ich schreibe über das Nichts jenseits von Worten, darüber, dass nichts wirklich existiert, und befinde mich gerade

in der Situation, dass vierzig bis fünfzig Seiten Text einfach verschwunden sind, als hätte es sie nie gegeben. Guido versucht auf
alle erdenkliche Weise, an den gespeicherten Text zu kommen. Ich
weiß, dass es nichts zu finden gibt. Ein kurzer Anflug von Ärger.
So viel Arbeit! Und doch unglaubliche Stille, unglaublicher Friede. Als hätte es nie etwas gegeben, das ich getippt habe und das
verloren gegangen sein könnte. – Stille, Friede, jenseits von Ärger von Verlust. Nichts, das verloren werden könnte, niemand, der
etwas verlieren kann. Dankbarkeit, Gnade. – Jetzt. – Vertiefung
der Stille. Arbeit, Worte, Texte verschwinden. Stille, Nichts, Unendlichkeit, Friede bleibt. Ein wahres Geschenk. Gnade – das, was
immer ist.

Jenseits von Religion, Spiritualität und Wissenschaft

Ich bin in einem katholischen Elternhaus aufgewachsen. Mein Vater war fünfundzwanzig Jahre lang im Kirchenvorstand. Je älter ich wurde, desto weniger wohl fühlte ich mich in der Kirche. Die Messen und den katholischen Glauben empfand ich oft als unlebendig und heuchlerisch. Zu Beginn der Pubertät teilte ich meinen Eltern entschlossen mit, dass ich fortan nicht mehr in die Kirche gehen würde. Das gefiel ihnen zwar nicht, aber mein Entschluss stand fest.

Ein paar Jahre lang glaubte ich an gar nichts, außer daran, dass es irgendwo den Frieden und die Stille gab, nach denen ich mich sehnte. Das war aber weniger ein Glaube als ein tiefes Wissen. Später öffnete ich mich durch die verstärkte Wahrnehmung der geistigen Welt immer mehr so genannten spirituellen Glaubenssystemen. Gleichzeitig fand aber auch eine Öffnung statt für buddhistische und hinduistische Ansätze, aber auch wieder für christliche, ohne dass ich mich direkt damit beschäftigt hätte. Ich habe Wissen, Erklärungen, Dogmen und Geschichten nie viel Wert beigemessen. Mein Herz wollte berührt werden. Da war es ganz egal, welcher Philosophie, Religion oder Weltanschauung das Berührende entstammte. Da war es auch nicht mehr von Bedeutung, dass ich noch gestern etwas für schlecht gehalten hatte. Das *Vaterunser* zum Beispiel hatte ich früher als überflüssig abgelehnt. Doch nun wollte es vor den Übermittlungen der Botschaften meiner ersten Bücher gebetet werden. Also betete ich das Vaterunser.

Manchmal zündete ich auch Kerzen vor kitschigen Marienbildern an. Ich besuchte gern Barockkirchen. Ebenso faszinierten mich buddhistische Tempel und der Glaube an frühere Leben. Doch gab es keinen fest umrissenen Glauben, nur Impulse der Anziehung und des Berührtseins. Der „rote Faden" war immer die Suche nach unendlicher Liebe, nach dem Einen Sein. Da war ein starker Bezug zur Marienenergie, zu der aufgestiegenen Meisterin Nada, zu Engeln und Gebeten. Jetzt hat sich ein Gebet allerdings schon lange nicht mehr ergeben. Früher betete ich immer wieder einmal. Jetzt, im Gewahrsein der Unendlichkeit, ist alles, was geschieht, göttlich und zwar zu jeder Zeit. Vollkommenheit ist sichtbar, auch in scheinbar schwierigen Erfahrungen, in Traurigkeit und Dunkelheit. Ich werde manchmal gebeten, jemandem Licht zu schicken oder die „Kontakte" zur geistigen Welt einzusetzen. Das lehne ich meistens ab. In dem Gewahrsein, dass die Vollkommenheit, die Unendlichkeit immer und in jeder Situation ist, braucht sie nicht geschickt werden. Es scheint nur, als fehle etwas, obwohl bereits alles da ist. Es scheint nur, als sei etwas abhanden gekommen. Es scheint nur, als habe das unendliche Bewusstsein etwas übersehen oder falsch gemacht. Es ist bereits vollkommen. Es geschieht, was geschehen soll. Es liegt nicht in meiner Macht.

Woher sollte ich wissen, was richtig ist? Woher weiß ich, dass etwas anders sein soll als es ist? Ich weiß es nicht. Ich habe mich dem hingegeben, was ist. Liebe, göttliches Sein, Gnade ist immer und überall. Dennoch kann sich auch Beten ergeben oder das Anzünden einer Marienkerze. Das ist nur ein Spiel. Manche Symbole und Rituale des christlichen Glaubens wie das Vaterunser haben sich eine Zeitlang als hilfreich und lebenstauglich erwiesen. Sie haben sich mit Leben gefüllt. So auch in einem Traum, den ich vor ein paar Jahren träumte.

Mein Körper sollte, wie schon oft in meinen Träumen, getötet werden. Im Moment höchster Bedrohung schaute ich dem Mann, der mich töten wollte, in die Augen. Dann machte ich ein Kreuzzeichen und sagte ohne darüber nachzudenken laut und deutlich: Im Namen des Vaters und des Sohnes und des Heiligen Geistes. Amen. – Die Situation löste sich auf. Der Mann blieb ruhig stehen. Frieden.

Auch das Ritual unserer Hochzeit in einer katholischen Kirche war ein unbeschreibliches Geschenk. Es war die bewusste Einladung an etwas Größeres, uns und unsere Liebe zu führen. In diesem katholischen Rahmen fanden wir genug Freiheit, um unser Ritual mit viel Liebe, Freude, Gesang und voller Vertrauen und Hingabe zu gestalten.

Bilder und Rituale unterschiedlicher Religionen und Weltanschauungen, besonders der geistigen Welt, waren eine Zeitlang sehr greifbar und konkret für mich. Das Gemeinsame hinter allen Religionen und Weltanschauungen wurde jedoch immer deutlicher. Es wurde erkennbar, was ohne Form und ohne Worte ist: die Liebe, die Unendlichkeit in allem, was ist. Früher nahm ich eine Trennung zwischen „mir" und dem „Göttlichen" wahr. Diese Trennung ist jetzt aufgehoben.

Es gibt für mich nichts nur Irdisches und nichts nur Göttliches mehr. Alles im Leben ist göttlich. Nicht einmal göttlich. Es ist. Eine Zeitlang sehnte ich mich nach Frieden, Stille und unendlicher Liebe, die ich nur im Tod oder in fernen geistigen Welten zu finden glaubte. Das deckt sich mit manchen christlichen und auch mit spirituellen Vorstellungen, nach denen letztendlicher Friede, unendliche Liebe nur nach dem Tod, an einem fernen Ort und bei „Gott", gefunden werden kann. Das ist nicht meine Erfahrung. „Gott", unendlicher Friede und bedingungslose Liebe sind jetzt, hier und überall, besonders im alltäglichen Leben. Sie sind von nichts und niemandem abhängig. Ob tot oder lebendig, ob auf der Venus oder auf der Erde, ob in Stille oder in Bewegung, in der Askese oder im Überfluss. Sein, unendliche Liebe ist immer und überall. Es ist jetzt. Nicht morgen oder irgendwann. Ich habe von Menschen gehört, die hoffen, von Ufos aus der Dichte, dem Schmerz und dem Leid der Erde gerettet zu werden, um auf weniger verdichteten Planeten zu leben. Was ist falsch an der Erde, an der Verdichtung? Was ist an deinem Leben, wie es ist, weniger göttlich, als im „Himmel bei Gott" oder auf einem anderen Planeten? Es ist eins. Warum sollte Tennis spielen oder Auto waschen weniger „spirituell oder göttlich" sein als meditieren oder beten? Warum sollte das Eine Sein, die Unendlichkeit nur in einem asketischen meditativen, spirituellen oder klösterlichen Leben zu berühren und zu erkennen sein und nicht in einem bewegten, modernen weltlichen Leben?

Als ich vor zwei Jahren an Weihnachten mit Guido, einer Freundin und meiner Mutter in der Christmette war, lauschte ich dem herrlichen Gesang des Chores und fühlte mich wundersam geborgen. Ich hatte fast während der ganzen Messe die Augen geschlossen. Nur unendliche Stille. – So tief, dass es keinen Impuls mehr gab, sich jemals wieder zu bewegen oder zu sprechen, vielmehr das Gefühl, für immer ohne Sprache und Bewegung in ruhiger Glückseligkeit, im Nichts verweilen zu können.

Wie das Leben so spielt, hatten Guido und ich über Neujahr ein paar Tage im Kloster gebucht, wo wir gemeinsam fasten und schweigen wollten. Entgegen mancher Vorstellungen war das Eine Sein in Askese und äußerlicher Ruhe nicht deutlicher wahrzunehmen als in der Bewegtheit unseres Alltags. Das Eine ist in allem, in einem bewegten, modernen, weltlichen Leben ebenso wie in einem asketischen, klösterlichen oder religiösen Leben. Die Askese vertiefte sie sogar noch: die Liebe für die bunte Vielfalt des menschlichen Lebens. Da war so viel Liebe für diese Vielfalt, für die modernen Technologien, für Discos, Politik, Restaurants, Tanz, Kleidung, Häuser, für die Schiffe auf dem Chiemsee. Tränen flossen vor Liebe. Die Vollkommenheit des Lebens in all seiner Fülle offenbarte sich in der Stille aufs Neue. Wir brachen unseren Aufenthalt im Kloster am Silvesterabend ab. Da war der Impuls zu feiern. Alles fügte sich wundervoll und spielend. Es gab Menschen, die sich über unser frei gewordenes Zimmer im Kloster freuten. Für sie war es ein Geschenk und uns brachte es die Freude, das Leben und Silvester ausgelassen und tanzend mit vielen Menschen feiern zu können. Es wurde ein ganz wundervoller Abend, ein Abend voller Freude – am Tanz, an der Vielfalt, der Gnade und der Vollkommenheit des Lebens.

Die Unendlichkeit ist wirklich überall. Sie ist nicht an bestimmte Ausdrucksweisen, Meditationen, Mantren, Gebete, Visualisationen, Formen der Askese und auch nicht an besondere Gottes- oder Lichterfahrungen gebunden. Sie ist immer, beim Bügeln genauso wie bei der Gartenarbeit, beim Fernsehen, beim Schreiben, beim Essen. Sie ist zu jeder Zeit. Um sie zu erfahren und zu erkennen brauchst du dich nirgendwohin zu bewegen, in keine Kirche, in keinen Tempel, in keinen Meditationsraum, an keinen besonders ruhigen oder fernen Ort. Sie ist immer da, jetzt und völlig unspektakulär in deinem Leben, so, wie es ist.

Hast du manchmal Gedanken wie „Wenn ich nach Indien gehen könnte, mehr Ruhe und einen anderen Mann hätte, wenn die Kinder aus dem Haus wären, wenn ich mehr meditieren würde, dann könnte ich die Unendlichkeit finden, Gott erkennen"? Frage dich allen Ernstes, ob das wirklich stimmt. Halte inne und finde das, was du suchst, jetzt. Auch wenn deine Kinder schreien und dein Mann dir schon wieder keine Blumen geschenkt hat, auch wenn du traurig bist und scheinbar einen Misserfolg nach dem anderen erlebst. Da ist die Vollkommenheit des Seins jetzt, unabhängig von irgendwelchen Bedingungen. Kein Gott, kein Mensch, nichts Spirituelles und nichts Irdisches.

Das wirkt sich in meinem Leben so aus, dass ich bis auf Ausnahmen keine Lust mehr habe, an irgendwelchen spirituellen Treffen oder Seminaren teilzunehmen. Die Seminare, die ich gebe, empfinde ich nicht als religiöses oder spirituelles Tun. Es ist einfach nur Sein, Begegnung von Mensch zu Mensch. Auf der offensichtlichen Ebene lebe ich kein sehr „spirituelles" oder „religiöses" Leben. Was ist schon spirituell, was religiös? Tennis spielen ist letztendlich auch nichts großartig anderes als meditieren oder beten. Mit dem Erwachen kam eine große Freude an sportlicher Betätigung zurück, an dem, was mir auch als Kind Freude gemacht hatte. Freude im Tun. Freude im Sein.

Nur Ein Sein. Religiöse Bilder und spirituelle Vorstellungen waren mir, obwohl ich nie sonderlich „religiös" oder „spirituell" war, manchmal eine Hilfe, wenn es darum ging, dem zu vertrauen, was größer ist als meine Person und mein Körper. Es wurde jedoch deutlich, dass es nur eine Hilfe war, ein Spiel mit dem Ziel, mich etwas Größerem als meinen Identifizierungen hinzugeben. Denn keine dieser Formen, Vorstellungen und Bilder von Religionen oder Weltanschauungen ist die letztendliche Wahrheit. „Wesenheiten" wie Jesus, Buddha, Mohammed, aufgestiegene Meister oder Propheten sind auch nur Vorstellungen und Erscheinungen, in denen das Eine Sein verborgen ist, wie in allem. Damit möchte ich den Wert von Religionen und Glaubenssystemen nicht schmälern oder in Frage stellen. Es ist wie es ist. Nur, wenn du wirklich frei sein willst, solltest du all dem nicht deinen absoluten Glauben schenken. Es mag eine Zeitlang wichtig für dich sein, dich damit zu identifizieren. Doch irgendwann wirst du erkennen, dass auch dies nur ein Spiel ist. Wie alles in unserer Welt der Dualität sind auch religiöse Vorstellungen und „Wesenheiten" nur Erscheinungen. Du kannst das Spiel deines Glaubens weiterspielen. Doch finde die Liebe, das Eine Sein in allem.

Auch Religionen und Weltanschauungen spielen in diesem Spiel ihre Rolle. Das ist völlig in Ordnung, denn sie erfüllen ihren Zweck. Es kommt nur darauf an, dass du dich nicht abhängig machst von all den spirituellen, religiösen oder wissenschaftlichen Bildern und Vorstellungen. Auf einer tieferen Ebene weißt du, dass keine Information, kein Gedanke, kein Wort absolut ist. Da ist nur Stille, Unendlichkeit, jenseits von Worten und Identifizierungen. Da ist Bewusstsein, das sich selbst erkennt. Viele Menschen, die auf dem spirituellen Weg sind, haften sehr an Bildern und Vorstellungen. Das ist verständlich. Wir leben nun mal in einer Welt der Bilder, Formen, Gedanken und Vorstellungen. Daher möchte ich dich weder deiner Religion oder Weltanschauung berauben noch dir mitteilen, dass etwas daran falsch ist. Das liegt auch nicht in meiner Macht. Ich möchte dich nur einladen, das zu finden, was vollkommen ist, die Quelle allen Seins, jetzt, in diesem Moment.

Das Anhaften an Vorstellungen, auch an religiösen, spirituellen oder weltanschaulichen, verhindert, dass wir erkennen, was in diesem Augenblick wahrhaftig ist. Im Sein der Unendlichkeit gibt es keine richtige oder falsche Religion, Weltanschauung oder Lebensweise. Es ist eins im unendlichen Sein. Die Zeit ist gekommen, den Irrtum von Dogmen und die Begrenzung durch Vorstellungen zu erkennen. Die Zeit ist gekommen, dass wir Menschen unsere Freiheit finden. Jetzt geht es darum, uns aus unseren Verstrickungen und Abhängigkeiten zu lösen. Die Zeit ist gekommen, nicht mehr durch Identifizierungen mit unseren Vorstellungen und Gedanken in Vergangenheit und Zukunft gefangen zu sein. Jetzt kommt es darauf an zu erkennen: An welchen religiösen oder spirituellen Vorstellungen halte ich fest? Womit halte ich mich gefangen? Mit welchen Erwartungen an mich und die Welt? Womit verhindere ich zu erkennen, was ich wirklich bin? Jeder Mensch scheint mehr oder weniger bewusst den Wunsch nach letztendlicher Freiheit zu haben. Wenn du die letztendliche Freiheit finden willst, dann geht es jetzt um alles.

Das hier sind nicht die ersten Schritte auf deinem Weg. Es sind die letzten Schritte, die Schritte in die Freiheit. Durch das Tor zur Freiheit kannst du nur nackt gehen, ohne Vorstellungen und Erwartungen, ohne Verstrickungen und Anhaftungen. Es scheint die Bereitschaft zu brauchen, alles sterben zu lassen. Dieses Buch will dich unterstützen, dich von den Vorstellungen und Verstrickungen zu befreien, die dich in der Illusion der Trennung und des Leidens halten.

Ganz egal, welchen Glauben du hast oder welche Weltanschauung du vertrittst, irgendwann kommst du an den Punkt, an dem dir keine Vorstellung mehr hilft. Hier gilt es, alle Vorstellungen und Erwartungen loszulassen. Hier gilt es, dich der Liebe, der Unendlichkeit hinzugeben. Hier, wo du die Vorstellungen deines Glaubens oder deiner Weltanschauung zurücklassen musst, endet jede Religion. Hier lässt du dich fallen in das, was ewig ist. Du lässt dich fallen in das, was größer und unendlicher ist als alle Vorstellungen, Erwartungen, Gedanken und Gefühle. Welchen Vorstellungen du auch folgst, du erkennst, dass die Essenz von allem dieselbe ist. Die Wahrheit lässt sich nicht in Formen und Vorstellungen erfassen. Das wahre Sein wird davon nicht berührt.

Es ist also auch wichtig, die spirituellen Verstrickungen und Fallen zu beleuchten. Mit welchen Vorstellungen hältst du dich gefangen in der Illusion, eine von „Gott", der Essenz getrennte Person zu sein und dich irgendwohin entwickeln zu müssen? Es ist wichtig zu erkennen, dass die göttliche Essenz in allem ist. Meditation, Channeling, Gebet, religiöse Bilder und Vorstellungen – all das mag dir eine Hilfe gewesen sein, um mit der Unendlichkeit, dem Einen Sein in Kontakt zu kommen. Auf dem Weg der Erkenntnis mag es dir eine Hilfe gewesen sein, Bildern der Bibel, der aufgestiegenen Meister, des Koran, eines philosophischen oder wissenschaftlichen Weltbildes zu folgen oder in medialen Beratungen zu erfahren, wer deine geistigen Führer und Helfer sind oder zu welchen Planeten du in Resonanz bist. Doch nun geht es darum, nicht mehr an diesen Vorstellungen zu haften, damit zum Vorschein kommen kann, was die Quelle ist. Finde, was hinter all diesen Geschichten, Erscheinungen, Formen und Bezeichnungen liegt. Finde, was in allem enthalten ist, in deinem menschlichen Körper ebenso, wie in der Energie aufgestiegener Meister, in Engelwesen, Jesus, Mohammed oder Buddha. Suche und finde das unendliche Sein in dir. Sei einfach.

Erkenne das, was alles umfasst, unabhängig von äußeren Erscheinungen, Gedanken und Vorstellungen. Dann erkennst du, dass es keine richtige oder falsche Art zu leben gibt. Du erkennst, dass alles nur unendliche Liebe, unendliches Sein ist. Dann offenbart sich in der Stille die Unendlichkeit, die jede mögliche Erscheinungsform annehmen kann. Im Gewahrsein der Ewigkeit lebst du voll Freude in und mit den Erscheinungen. In unserer Welt scheint es Engel und aufgestiegene Meister, Jesus und Buddha ebenso zu geben wie Gebete, Hass und Streit und Liebe. Das ist völlig in Ordnung. Wenn du die Ebene der Erscheinungen verlässt, findest du das, was in allem enthalten und unendlich ist: Sein, Bewusstsein. Die Trennung verschwindet und das eine einzige Sein kommt zum Vorschein.

Auf der dualen Ebene haben wir nun einmal „getrennte Körper" und leben in der Form. Doch gleichzeitig ist alles dieselbe göttliche Essenz. Keine Religion ist besser als eine andere. Auch keine Engel, keine Meister, kein Buddha, kein Christus. Es gibt im unendlichen Gewahrsein nichts, das weniger göttlich wäre als etwas anderes. Die Essenz von allem ist göttlich, unendlich und ewig. Sieh die Geschenke der Engel und Meister, des Buddha und des Christus als Hilfe, um die Göttlichkeit in dir selbst zu erkennen und in allem, was ist. Sie sind nur Symbole, die dich darin unterstützen, die Grenzen deiner Identifikationen zu erkennen und dich dem Einen Sein hinzugeben. Sie können aber auch zum Hindernis werden, wenn du nur außerhalb und getrennt von dir selbst suchst. Indem du an würdig und unwürdig, heilig und nicht heilig, himmlisch und irdisch, göttlich und nicht göttlich glaubst, hinderst du dich selbst daran zu erkennen, was du in Wahrheit bist. – Alles und nichts.

Es ist von großer Bedeutung, dass du deine Person, deinen Namen und das, womit du dich identifizierst, dem Fluss des Lebens, dem göttlichen Sein hingibst. Unendliches Sein ist in allem, was ist. Es ist in dir, in jeder Unvollkommenheit, die so vollkommen ist. Vertraue der Vollkommenheit eines jeden Moments. Erkenne das Vollkommene überall. Nichts und niemand sollte anders sein, als es und er ist. Da ist nur unendliche Liebe. Nichts wird ausgeschlossen, zurückgewiesen, forciert oder bevorzugt.

Hier gibt es keinen Fehler. Hier gibt es nichts, wohin du dich entwickeln müsstest, um der Unendlichkeit gewahr zu werden. Erkenne deine Essenz in diesem Moment. Du bist kein armes kleines sündiges Menschenkind, das sich läutern und verbessern muss, um der Göttlichkeit würdig zu sein. Du bist immer der Gnade würdig, zu erkennen, dass du unendliches Sein bist. Du bist immer der Gnade würdig, zu erkennen, dass alles in jedem Moment vollkommen ist.

Gebet, Meditation, spirituelle oder religiöse Vorstellungen und sämtliche Erscheinungen können dir nur bis zu einem bestimmten Punkt Hilfe und Unterstützung bieten. Dann gilt es, alle Vorstellungen sterben zu lassen, alles hinzugeben, um dich im Meer der Unendlichkeit aufzulösen. Es ist das göttliche Spiel. Die

Freude, dass göttliches Sein sich selbst erkennen kann. Genieße dieses Spiel. Lass die Anhaftungen an Vorstellungen, die emotionalen und geistigen Verstrickungen immer mehr los. Ich weiß, wie schwer es sein kann, in menschlicher Gestalt nicht an Formen und Vorstellungen anzuhaften. Wenn du anhaftest, dann haftest du an. Wer kann schon wirklich wissen, dass du nicht anhaften sollst? Hier ist kein Kampf und keine Anstrengung notwendig. Sei einfach mit dem, was ist. Gib dich der Unendlichkeit hin. Hingabe jetzt. Hingabe an die Erkenntnis, dass alles vollkommen ist so, wie es ist.

Die Vorstellungen von Meistern, Christus, Buddha, Mohammed und auch von Engeln befinden sich auf der Ebene der Erscheinungen. Finde die Essenz hinter all dem. Die Suche endet nicht bei der Vorstellung. Die Suche endet jetzt, in der Erkenntnis dessen, was ist. Sie endet im Sein. Die Suche endet jetzt, im unendlichen Bewusstsein, im Gewahrsein des Nichts, in dem sich alle Erscheinungen auflösen, auch die Erscheinung eines getrennten „Ich". Du kannst sämtliche Erscheinungen in Frage stellen und ihre Relativität erkennen, ihre Vergänglichkeit. Siehst du, wie unterschiedlich die Bilder, Vorstellungen und Erscheinungen eines jeden Menschen sind? Das ist die Vielfalt menschlichen Seins. Sie lässt dich erkennen, dass eine einzelne Vorstellung nicht das Letztendliche sein kann. Es sind Erscheinungen und Vorstellungen, Gedanken und Gefühle, die kommen und gehen. Egal welchen Weg du gehst, jeder Suche liegt dieselbe Essenz zu Grunde. Wenn du ein wahrer Sucher, ein Wahrheitssucher bist, wird dich jeder Weg zu dem führen, was du in Wahrheit bist. Egal in welchem spirituellen oder religiösen Glaubenssystem du dich bewegst oder welche Weltanschauung du hast, wenn du deinen Weg offenen Herzens gehst, wird die Suche immer dort enden, wo es keine Vorstellungen und keine Bilder mehr gibt, sondern nur noch reines Sein. Göttliches Sein endet nirgendwo. Es kann über Vorstellungen und Bilder nicht erreicht und nicht beschrieben werden, auch nicht durch dieses Buch. Unendliches Sein bist du bereits, in diesem Moment, jetzt.

Vieles von dem, was hier angesprochen wird, mag dir unverständlich erscheinen. Was wir sind, kann nicht verstanden, nicht kategorisiert und nicht in eine Schublade gesteckt werden. Denn die Freiheit liegt jenseits aller Vorstellungen und Beschreibungen. Liebe und Unendlichkeit ist in allem, was ist. Menschliche Erscheinungen sind nur die Reflexion des All-Einen in so vielen bunten Facetten. Eine so wundervolle, „göttliche" Welt, die genossen, geliebt und erfahren werden will, im Gewahrsein der Ewigkeit. Das Eine Sein, die Unendlichkeit ist deine Essenz, dein Zuhause. Mach nicht vorher Halt. Halte dich nicht an deinen Vorstellungen von Spiritualität, Religion oder Wissenschaft fest. Geh einen Schritt weiter um zu erkennen, was hinter allem liegt, um zu erkennen, dass „du" in Wahrheit bereits vollkommen und nicht getrennt bist. Und dennoch gibt es scheinbar einen „getrennten" Körper, dennoch gibt es Gedanken und Gefühle, dennoch lebst du das alltägliche Leben. Du erkennst die Vollkommenheit, die Unendlichkeit im Alltag, in allem, was ist, in der Unendlichkeit des Seins.

Man sagt, die Liebe öffnet eine Tür
von einem Herzen zu anderen.
Doch wo es keine Mauer mehr gibt,
wo soll dann eine Tür sein?
Für die, welche lieben,
gibt es weder Moslems noch Christen und Juden.
Für die, welche lieben,
gilt weder Glaube noch Gottlosigkeit.
Für die, welche lieben, sind Körper, Geist,
Herz und Seele eins.

Rumi

Glaubenssätze

Unsere Glaubenssätze erschaffen unsere Welt. Wir haben feste Vorstellungen, wie die Welt zu sein hat. Das erzeugt viel Leid. Daher möchte ich mit dir über deine Glaubenssätze sprechen, über das, womit du dich identifizierst. Glaubenssätze und Vorstellungen darüber, wie etwas zu sein hat, verhindern, dass du erfährst, was in diesem Moment wirklich ist. Es geschieht immer das, was geschehen will. Doch du bist nicht in Frieden, wenn du glaubst, dass die Geschehnisse anders sein müssten, als sie in dem Moment sind, oder dass du anders sein solltest. Vielleicht verurteilst du dich dafür, dass du zu kontrolliert, zu aufbrausend, zu nachgiebig oder zu gutgläubig bist. Vielleicht bist du auch schüchtern und unsicher und erwartest von dir, sicher und mutig zu sein. Es ist nur ein Glaubensatz. Wer sagt, dass es falsch ist, schüchtern, nachgiebig oder wütend zu sein? Die Fragen, die Byron Katie in ihrer Arbeit, *The Work*, stellt, bringen es auf den Punkt: „Kannst du wirklich wissen, dass all dies wahr ist? Kannst du es wirklich wissen? Wer und wie wärst du, wenn du diesen Gedanken, diesen Glaubenssatz nicht hättest?"

„Meine" Glaubenssätze darüber, wie die Welt zu sein hat, haben ihre Bedeutung verloren. Sie tauchen auf und verschwinden wieder. Wenn sie auftauchen, greifen sie nicht, beziehungsweise gibt es niemanden, der nach ihnen greift. Wenn es eine Resonanz zu einem Gedanken gibt, steht manchmal ganz von selbst die Frage im Raum: „Kann ich wirklich wissen, dass die Menschen und die Welt anders sein sollten, als sie sind?"

Kann ich wirklich wissen, ob all das wahr ist? Im Gewahrsein der Unendlichkeit wird wahrgenommen, wie Leiden aus der Anhaftung an Glaubenssätzen entsteht. Der Glaube, dass etwas auf eine bestimmte Art und Weise sein muss, bringt Engstirnigkeit hervor. Jetzt, im unendlichen Gewahrsein ist es erstaunlich, dass wir Menschen diese Glaubensätze wirklich ernst nehmen. Wie absurd. Ich habe ihnen früher auch Glauben geschenkt, obwohl es immer eine Bewusstheit gab, dass dies nicht die letztendliche Wahrheit sein kann. Vielleicht geht es dir ähnlich. Vielleicht klammerst auch du dich immer wieder an Glaubenssätze, obwohl dir bewusst ist, dass das nur Konzepte sind, nur eine Sicht der Dinge. Die Menschheit hält vieles für wahr, was nur Glaubenssätze sind. Das Wahre, das Ewige, bleibt oft verschleiert und unerkannt.

Woher willst du wissen, dass du anders sein solltest, als du bist? Du erlaubst dir nicht, das zu sein, was du bist. Immer wieder gibt es Gedanken darüber, wie du eigentlich zu handeln und zu sein hättest. Doch so wie es geschieht, ist es vollkommen. Kein Ausdruck, der falsch oder richtig wäre. Es ist, wie es ist.

Genauso ist es mit allen Glaubenssätzen über das Erwachen. Selbst dass jemand erwacht ist, ist nur ein Glaubenssatz. Kann ich wirklich wissen, dass ich erwacht bin? Erwacht oder nicht erwacht, das ist überhaupt nicht von Bedeutung. In dem Einen Sein gibt es weder erwachte noch nicht erwachte Menschen. Du und ich wir sind dieselbe Essenz, das Eine Sein. Ich lebe das ganz „normale" Leben in unendlicher Freiheit. Das ist alles. Was bleibt, ist das Nichts, die Unendlichkeit. Was wir sind, ist vollkommen. Es wird nicht berührt von deinen Glaubensätzen und Vorstellungen über dich und die Welt. Sie lösen sich auf im Meer der Unendlichkeit, im Nichts.

Indem du an Glaubenssätzen anhaftest, hältst du dich selbst gefangen. Immer scheinen wir besser zu wissen, wie die Welt sein müsste. Was ist, wenn du einfach nur in der Vollkommenheit dieses Momentes bist? Jenseits dessen, wie du zu sein oder nicht zu sein hast. Wer sagt, dass du erwacht, geduldiger, interessanter, tatkräftiger und nicht egoistisch sein solltest? Wer sagt, dass Menschen, „die erwacht sind ", sich so oder so verhalten müssen? Wer sagt, dass sie über dieses oder jenes erhaben sein müssen? Wer weiß schon wirklich, was Erwachen ist? Mit der Frage „Kannst du wirklich wissen, dass das wahr ist, kannst du wirklich wissen, dass etwas auf eine bestimmte Art und Weise zu sein hat?" löst sich alles auf. Das Nichts ist.

Auch wenn du noch so sehr glaubst, dass deine Gefühle und Glaubenssätze authentisch sind, ist nichts davon wirklich wahr. Es ist, was ist. Glaubenssätze darüber, wie du sein solltest und wie die Welt sein müsste, erzeugen nur Leid. Wir haben nichts anderes gelernt, als sie für wahr zu halten, denn von Geburt an sind wir von Glaubenssätzen umgeben. Die ganze Welt besteht aus Glaubenssätzen und Vorstellungen darüber, wie etwas zu sein hat. Der Kampf gegen das, was ist, hat immer wieder Krieg, Fanatismus und Leid hervorgebracht. Auch Schmerz und Traurigkeit sind vollkommen. Sie bringen kein Leid hervor. Wenn Schmerz und Traurigkeit in ihrem natürlichen Rhythmus kommen und gehen und weder forciert noch unterdrückt werden, ist da immer nur unendlicher Friede. Da ist so oder so immer Friede und Stille. Das Leiden beginnt, sobald wir gegen Gefühle ankämpfen, weil wir glauben, dass sie nicht gut sind, und wir lieber andere Gefühle hätten. Was ist, wenn wir unsere Vorstellungen davon, wie wir sein sollten und die Welt zu sein hat, einfach loslassen? Was, wenn wir uns nicht mehr mit unseren Glaubenssätzen identifizieren? Was ist, wenn da nur das ist, was geschieht? Was ist, wenn sogar nur Nichts, unendliches Bewusstsein da ist? Unendliche Freiheit ist da, wenn Glaubenssätze ihre Wirkung verlieren. Dann ist nur unendliche Freiheit, Friede in dir. Alles darf geschehen, darf sein wie es ist.

Wenn Glaubenssätze keine Nahrung bekommen, wenn sie erkannt und nicht berührt werden, erscheinen sie und lösen sich in der Unendlichkeit auf. Unendliche Freiheit ist da, wenn das geschieht, was geschehen will, ohne Widerstand. Unendliche Freiheit, gerade weil das scheinbare Ego zwar seinen Job macht, aber keine Macht und keine Kontrolle mehr hat. Unendlicher Friede in meinem alltäglichen Leben. Stille – Glück, Stille – Freude, Stille – Liebe, Stille – Turbulenzen. Letztendlich nur unendliche Freiheit und Stille. Letztendlich nur das Nichts. Niemand mehr in Verbindung mit diesem Körper, der sich anstrengen muss, um das Eine, das Letztendliche zu finden. Niemand mehr in diesem Körper, der noch sucht. Nur Bewusstsein, das geschieht. Unendliche Freiheit.

Das ist, was bleibt, wenn du deinen Glaubenssätzen die Energie und Identifizierung nimmst. Das ist, was bleibt, wenn das geschieht, was geschehen will. Im Nichts der Unendlichkeit lösen sich alle Glaubenssätze auf, alles was zu sein scheint. Kein Kampf mehr, den es zu kämpfen gilt, weil das Leben anders sein soll, als es ist. Was ist mit deinen Glaubenssätzen, deinen Meinungen? Was glaubst du, wie du sein solltest und wie die Welt sein müsste? Was, glaubst du, ist davon wirklich wahr?

Stille ist. Eine lange Pause. Schweigen geschieht. Unendliches Sein. In diesem Moment breitet sich die Stille, die Unendlichkeit, das Nichts so aus, dass es keinen Impuls gibt, Worte zu formen. Kein Wunsch, etwas zu bezeichnen und einzuordnen. Kein Wunsch nach Überblick und Veränderung. Da ist nur Stille, Unendlichkeit, Friede – jetzt. Du kennst das. Es ist dir nicht neu. Es ist das, was hinter deinen Glaubenssätzen ist, hinter allem, was zu sein scheint. Es ist dir so vertraut. Es ist so selbstverständlich, dass es oft schwer zu erkennen ist.

Da sind so wenig Worte, die gesprochen werden wollen. Nur Stille und Friede. Meine Geschichte ist so weit in den Hintergrund geraten, dass es manchmal schwer ist, sie zu erzählen. Dieses Buch ist anders als die Bücher, die vorher entstanden sind. Es gab immer einen unglaublichen Fluss an Informationen. Es gab so viele Themen, die vermittelt werden wollten. Das ist jetzt anders. Da ist nichts. Da sind keine Worte, nur die Unendlichkeit. Da ist die Essenz. Das ist das, was wirklich mitgeteilt werden will, obwohl es keine Absicht gibt.

Eigentlich gibt es nichts zu sagen. Eigentlich will nichts gesprochen werden. Es ist. Die Stille, das Nichts. Leere Seiten, weiße Seiten, ohne Worte, ungeschrieben, dieser Moment. Ungeschrieben, die Vergangenheit, die Zukunft. Unendliches Sein, das sich in Worte formt, um mit dir zu kommunizieren. Was, wenn nur das Nichts, die Unendlichkeit ist? Was, wenn alles andere nur Erscheinungen und Glaubenssätze sind?

Gefühle

Traurigkeit ist gerade. Woher kommt sie? Was ist mit dieser Traurigkeit in diesem Moment? Aus der Unendlichkeit taucht sie auf. Doch die Stille, die Unendlichkeit ist. Traurigkeit erscheint aus dem Nichts der Unendlichkeit. Die Traurigkeit kann das Nichts, die Unendlichkeit nicht berühren. Traurigkeit kommt, Traurigkeit geht. Ein Gefühl, das niemandem gehört. Ein Gefühl, das erscheint. Es entstand aus dem Nichts. Wenn es niemanden gibt, der sich mit einem Gefühl identifiziert, dann kommt und geht ein Gefühl. Wenn es niemanden gibt, der einen Glaubenssatz an Traurigkeit, Wut oder Freude bindet, erscheinen diese Gefühle und lösen sich wieder auf. Ein Gefühl kommt und geht, ohne dass ich damit verwickelt oder identifiziert bin. Da ist niemand, der sich verwickeln könnte. Was könnte falsch sein an Traurigkeit, Wut oder Eifersucht? Wenn niemand anhaftet, ist es nur ein Kommen und Gehen von Gefühlen. Dann gibt es kein Problem. Alles ist so, wie es ist. Traurigkeit schien gekommen und wieder gegangen zu sein.

Gerade der Bereich der Gefühle bereitete mir früher oft große Schwierigkeiten. Als Kind nahm ich sehr viel wahr. Ich durchlebte so extreme Gefühle und Energien, dass es kaum zu beschreiben ist. Wenn ich einen Raum betrat, in dem sich auch andere Menschen aufhielten, fühlte ich mich oft regelrecht überwältigt und maßlos überfordert von der Intensität der Gefühle und der Menge an Informationen. Ich hatte oft das Gefühl, dass etwas mit mir nicht stimmte, denn ich bezog all diese Gefühle auf mich. Mit der Zeit erkannte ich jedoch immer deutlicher, dass ich Gefühle und Energien wahrnahm, die nichts mit mir zu tun haben schienen. Es fiel mir schwer zu sagen, woher diese Gefühle kamen. Wem gehörten sie? Waren es meine Gefühle oder die eines anderen Menschen? Es war oft unmöglich, diese geballten Gefühls- und Gedankenenergien getrennt wahrzunehmen.

Im Laufe der Zeit erkannte ich durch verschiedene Ereignisse, dass ich diese Gefühle und Energien auch aufgrund einer Hellfühligkeit wahrnahm. Manchmal hatte ich das Gefühl, eine Art Katalysator von Energien, besonders von Gefühlsenergien zu sein. Ich nahm diese Energien auf und musste irgendwie damit fertig werden. Die Erkenntnis, dass nicht alle meine Wahrnehmungen und Gefühle mit mir zu tun hatten, half mir, mich ein wenig davon zu distanzieren und meine Ohnmacht zu überwinden. Auch das Gefühl, dass etwas mit mir und meinen Wahrnehmungen nicht stimmte, verabschiedete sich. Ich lernte, immer mehr zu vertrauen.

Einerseits überforderte mich die Intensität der erlebten Gefühle, andererseits sah ich sie als ein Zeichen von Lebendigkeit. Die Vorstellung, nicht mit meinen Gefühlen identifiziert zu sein, hätte mir früher große Angst gemacht. Mit Gefühlen identifiziert zu sein, bedeutete für mich, eine Persönlichkeit zu sein. Gefühle schienen auch wichtig, um Kontakt und Nähe mit Menschen herzustellen. Doch die größte Angst war sicherlich, dass das Leben an Spannung, an Lebendigkeit und damit an Sinn verlieren würde, wenn ich nicht mit meinen Gefühlen identifiziert wäre, dass es mir dann langweilig und bedeutungslos vorkommen würde. Dann war es mir doch lieber, für die Momente der Intensität, der Freude und des Glücks, auch das durch die Identifizierung mit Gefühlen verbundene Leid in Kauf zu nehmen.

Jetzt gibt es niemanden mehr, der sich mit Gefühlen identifiziert. Und doch ist das Leben lebendiger als je zuvor. Nichts wird vermisst. Gefühle sind da, aber ohne Anhaftung. Traurigkeit zum Beispiel habe ich früher für ein schlechtes Gefühl gehalten, das es schnell wieder loszuwerden galt. Jetzt gibt es niemanden mehr, der es loswerden möchte. Es gibt aber auch niemanden mehr, der die früher als gut bewertete Freude verlängern und festhalten will. Und selbst wenn – da ist immer nur Stille, unendlicher Friede, nicht aufgewertet durch Gefühle der Freude, nicht abgewertet und vermindert durch Gefühle der Traurigkeit.

Es gibt keine Person, der ein Gefühl gehört. Manchmal scheinen Gefühlen und Geschehnissen auch Kollektivenergien zugrunde zu liegen, von Ebenen gesteuert, die uns oft nicht bewusst zugänglich sind. Ich habe manchmal beobachtet, dass Menschen zu bestimmten Zeiten ähnliche Körpersymptome und Gefühle hatten, selbst Menschen, die von ihren Gefühls-, Körper- und Gedankenstrukturen her sehr unterschiedlich waren. Das ist nur ein Spiel. Das sind nur Beobachtungen. Doch keine dieser Beobachtungen schien mir die letztendliche Wahrheit zu sein. Keine Möglichkeit der genauen Trennung, der genauen Zuordnung von Gefühlen. Keine weitere Erforschung fand statt. Es drehte sich nur im Kreis. Alles nur Vermutungen. Alles ist gleichermaßen möglich und unmöglich. Nicht von Bedeutung. Ich hatte keine Lust, mich mit Vermutungen aufzuhalten, die zu nichts führten. Nur Theorie. Wenn es kein Festhalten an Gefühlen gibt, werden sie gefühlt und führen wirklich ins Nichts. Nichts ist, nichts bleibt. Stilles Gewahrsein.

Wenn ich hier von Geschehenlassen und Nichtanhaften an Gefühle spreche, meine ich kein kühles Distanzieren von Gefühlen und keine Gefühllosigkeit. Genauso wenig geht es darum, über Gefühle erhaben zu sein und sie abzuspalten. Das hat seine Wurzeln in der Angst vor Gefühlen. Es ist genauso nur Verstrickung, wie sich Hals über Kopf in Gefühle zu stürzen und diese künstlich zu nähren. Es geht um das Geschehenlassen der Gefühle in ihrem natürlichen, ursprünglichen Rhythmus. Es geht um Sein, mit und in allem was ist.

Daher möchte ich dich ermuntern, alle Gefühle und Gedanken so sein zu lassen, wie sie sind. Wenn du sie weder unterdrückst noch forcierst, ist kein Gefühl und kein Gedanke ein Problem. Was immer bleibt, ist das, was ist: das Nichts, die Unendlichkeit. Friede und Stille, jenseits von Beschreibungen, Gedanken und Gefühlen.

Im unendlichen Gewahrsein können auch die Gefühle einfach geschehen, die mir früher Angst gemacht haben und die als unperfekt und noch nicht weit genug entwickelt beurteilt wurden. Gefühle können den Frieden, die Stille nicht stören, wenn niemand an ihnen festhält und Glück oder Unglück in ihnen vermutet. Sie müssen nicht verschwinden oder anders sein. Nichts ist falsch an Gedanken und Gefühlen. Sie werden nur dann zu einem Problem, wenn du sie entweder nicht oder zu sehr haben willst. Keine guten, keine schlechten Gedanken und Gefühle. Einfach nur Gedanken und Gefühle. Wenn du nicht anfängst, mit ihnen zu kämpfen, ist in jedem Moment unendlicher Friede und Stille.

Hingabe
und Gnade

In meinem direkten Umfeld wollte ich immer gern alles unter Kontrolle haben. In der Beziehung mit Guido erwies sich das oft als hinderlich. Anfangs musste fast alles genau so geschehen, wie ich es mir vorstellte. Dahinter stand die Angst, überfordert und unglücklich zu sein, wenn etwas nicht so geschah, wie ich es wollte. Das verursachte viele Schwierigkeiten, denn natürlich konnte ich nicht alles unter Kontrolle haben, auch wenn ich mich noch so sehr darum bemühte. Ich hatte Angst mich zu verlieren, wenn nicht alles nach meinen Vorstellungen lief. Hinzu kam die Vorstellung, dass ich mir alles im Leben hart erarbeiten muss und dass mir nichts geschenkt wird. Also strengte ich mich an und kämpfte mich durch die Herausforderungen des Lebens. So etwas wie Hingabe an das Leben und Vertrauen darauf, dass ich genährt würde, nur weil ich bin, schien mir zu fehlen. Ich glaubte, wenn ich dem Leben den Stempel meiner Vorstellungen aufdrückte, würde ich schon bekommen, was ich mir wünschte.

Natürlich stieß ich mit dieser Einstellung an Grenzen. Dennoch bin ich nicht auf die Idee gekommen, mich dem Leben hinzugeben und dem zu vertrauen, was geschehen will. Es war zunächst einmal wichtig, diese Phase des Kämpfens und der scheinbaren Kontrolle zu durchleben, um zu erkennen, dass ich die Verantwortung für das trage, was in meinem Leben geschieht, und dass ich niemals Opfer von Situationen bin. Diese Phase war wichtig, um die Erfahrungen der Ohnmacht zu überwinden, die ich in meiner Kindheit und Jugend gemacht hatte.

Ich bekam in dieser Zeit oft die Rückmeldung, in der Beziehung mit Guido dominant zu sein. Das stimmte. Manchmal hatte ich deswegen Schuldgefühle. Ich bemühte mich also, weniger dominant zu sein. Doch die Angst, die Kontrolle zu verlieren, war sehr groß. Ich fürchtete mich vor Gefühlen der Ohnmacht und der Auflösung, die sich, wie ich glaubte, einstellen würden, wenn ich von meinen Plänen und Vorstellungen abwich. Die innere Stabilität und Gelassenheit von heute war einfach noch nicht da. Es brauchte seine Zeit, bis sich die notwendigen Erfahrungen und Erkenntnisse einstellten. Ganz allmählich, Schritt für Schritt gelang es mir, die Kontrolle loszulassen. – Es war eine Entwicklung, die sich über Jahre hinzog, und sie betraf ein sehr empfindliches, leicht irritierbares System.

Ich hatte lange Zeit gar nicht die Geduld, abzuwarten und auf das zu vertrauen, was zu seiner Zeit geschieht. Ich war schon immer ein sehr tatkräftiger und schnell handelnder Mensch. Meistens setzte ich einen Gedanken, einen Wunsch, sobald er auftauchte, ohne lange Überlegungen in die Tat um. Ich bemühte mich das zu erreichen, was ich mir in den Kopf gesetzt hatte. Doch in vielen Fällen war die Zeit noch gar nicht reif dafür. Viele Bemühungen hätte ich mir schenken können, wenn ich statt ihrer „Gottvertrauen" und Vertrauen auf den richtigen Zeitpunkt zugelassen hätte. Oft verpulverte ich meine Energie, in dem Glauben viel tun zu müssen, wo weniger zum richtigen Zeitpunkt viel mehr gewesen wäre. Vieles, was ich mir wünschte, ging in Erfüllung. Aber ich bezahlte dafür mit einem Aufwand an Energie und Zeit, der oft in keinem Verhältnis zum Ergebnis stand. Ich konnte mich nicht hingeben, um Handlung dann geschehen zu lassen, wenn Handlung geschehen wollte. Selbst später, als ich um diese Möglichkeit wusste, war meine Angst, die Kontrolle aufzugeben und mich zu verlieren, viel zu groß.

Ich hatte immer die Tendenz, Gefühle und Gedanken anderer sehr stark wahrzunehmen. Oft verschmolz ich mit fremden Gefühlen und Gedanken und hatte den Eindruck, mich selbst zu verlieren. Deswegen schien es mir um so wichtiger, penetrant an meinen eigenen Vorstellungen festzuhalten. Am Anfang der Beziehung mit Guido machte mir die Vorstellung Angst, dass nicht überwiegend alles nach meiner Nase lief. Wir wussten um dieses Ungleichgewicht in unserer Beziehung, das ins Gleichgewicht kommen wollte und schließlich auch ins Gleichgewicht kam. Die emotionale Sicherheit, die mir Guidos Liebe gab, half mir, meine Angst zu überwinden und meine Dominanz zu lockern. Je mehr Sicherheit und Vertrauen ich gewann, desto mehr nahm mein Bedürfnis nach Kontrolle ab. Langsam, aber stetig wurde ich zur Hingabe geführt. Langsam, aber stetig wuchs das Vertrauen geliebt zu sein. Langsam, aber stetig stellte sich durch Hingabe an das, was ist, Befreiung und die Erkenntnis von Gnade ein. Ich erkannte auch, dass vieles, was ich durch das Bedürfnis nach Kontrolle in meinem Leben zu erzwingen versuchte, mich gar nicht wirklich glücklich gemacht hätte. Wäre mein Leben so verlaufen, wie ich es mir einst vorgestellt hatte, angefangen beim Partner über den Wohnort, bis bin zur beruflichen und familiären Situation, wäre es wahrscheinlich eine Katastrophe geworden. Das Leben war viel klüger und mir letztendlich viel wohler gesonnen, als meine identifizierte Person mit ihren Vorstellungen es jemals hätte sein können. Gott sei Dank.

Es gab aber auch viele einschneidende Situationen, in denen ich völlig vertraute. Als ich zweiundzwanzig war, hatte ich eine Stelle in der Psychiatrie, die mir sehr viel Spaß machte. Ich lebte mit Guido in einer schönen Wohnung im Ruhrgebiet. Andererseits wusste ich bereits, dass ich diese Gegend verlassen würde. Ich wollte immer fort. Egal wohin, auch in ein anderes Land. Guido bat mich zu bleiben, bis er sein Grundstudium beendet habe. Gerade, als ich mich damit arrangiert hatte, ergab sich für ihn eine berufliche Chance in München. Eine einmalige Gelegenheit, die Erfüllung eines Wunschtraums. Ich aber wollte auf keinen Fall nach München. Bayern waren in meinen Augen bieder, stur, arrogant, schlichtweg unsympathisch. Hinzu kam, dass ich München nicht kannte und absolut keine Lust auf diese Stadt hatte. Dort zu leben, war das Letzte, was ich mir vorstellen konnte. Guido sagte, dass er gern nach München gehen würde, doch wenn ich nicht mitkäme, würde er diesen Traum fallen lassen, da ihm unsere Beziehung wichtiger sei.

Nun lag die Entscheidung bei mir. Für mich war ein Umzug nach Bayern nicht erstrebenswert. Meine Arbeit machte mir sehr viel Spaß. In München hatte ich keine adäquate Arbeitsstelle in Aussicht. Ich kannte weder die Stadt noch die Wohnung, in die wir ziehen würden. Auf jeden Fall war sie dreimal so teuer, weniger schön und noch nicht einmal größer als die alte Wohnung. Einige Bekannte rieten mir ab: „Du kannst doch nicht einfach mit einem Mann wegziehen, den du noch gar nicht so lange kennst." „Du willst ja wohl nicht deinen Job aufgeben, wo du in München noch keinen in Aussicht hast." „Du, in Bayern." Diese Vorstellung brachte einige zum Lachen. Und doch hatte ich keine Zweifel. Da war von Anfang an die innere Klarheit und Gewissheit, Guido folgen zu müssen. Ich wusste nicht warum. Ich wusste nur, dass ich genau das tun musste. Da war die Ahnung, dass sich ein Schatten über unsere Beziehung legen würde, wenn ich mich gegen München entschiede. Vielleicht würde Guido immer einem unerfüllten Wunschtraum nachhängen. Und selbst wenn sich herausstellen würde, dass dies doch nicht seine berufliche Erfüllung war, würde das nie deutlich werden, wenn er es nicht versuchte.

Genau so kam es. Guidos berufliche Wünsche und Vorstellungen veränderten sich im Laufe der Zeit. Und dennoch sollten wir nach Bayern gehen und dort bleiben. Da war erstaunlicherweise von Anfang an die Gewissheit, dass ich ihm folgen musste – entgegen aller Überlegungen und trotz meines Wunsches nach Kontrolle. Ich wog nicht einmal die Möglichkeiten zu bleiben oder zu gehen gegeneinander ab. Es gab kein Ringen um die richtige Entscheidung. Es war klar, dass ich gehen musste, auch wenn alles nach einer absoluten Verschlechterung meiner Situation aussah. Da war, wie so oft in meinem Leben, ganz plötzlich das Vertrauen, einem Impuls zu folgen, egal wohin er führte und welche Konsequenzen sich daraus ergaben.

So kamen wir nach München. Das erwies sich auf Dauer als großes Glück für unser Leben und unsere Beziehung. Es verband uns. Ich ließ vieles zurück. Doch was mir dadurch geschenkt wurde, war unbeschreiblich groß, auch wenn die ersten Jahre manchmal schwierig waren. Wie so oft war es Gnade, Gnade, die geschah. Ich könnte noch viele Situationen beschreiben, in denen durch Hingabe Raum für Gnade entstand – einfach weil ich entgegen aller Vorstellungen einer höheren Weisheit vertraute.

Allmählich lernte ich Bayern aus der Tiefe meines Herzens lieben. Im Chiemgau, in den Bergen, fand ich ein Stück äußere Heimat. Meine Bemühungen um Kontrolle verwandelten sich langsam aber stetig in Vertrauen und Hingabe an das Eine Sein. Ich suchte nach Sicherheit und Beständigkeit, nach meinem wahren Zuhause. Das schien mir einerseits durch Kontrolle und Manipulation zu gelingen. Andererseits war ich zu wachsam, um nicht den Motor Angst dahinter zu erkennen. Ich wusste, dass mir Kontrolle keine wirkliche Sicherheit schenken würde, nicht die Ewigkeit. Ich beobachtete mich oft, während ich Dominanz und Kontrolle ausübte. Ich sah die Angst dahinter. Ich bemühte mich, Schritt für Schritt mehr Vertrauen und Flexibilität zuzulassen. Manchmal blieben meine Bemühungen erfolglos. Und doch konnte ich immer mehr erkennen, dass die Unendlichkeit jenseits meiner Kontrolle die Sicherheit war, das Ewige, nach dem ich suchte. Ich sah, dass alle äußere Kontrolle zum Scheitern verurteilt war und mir nie das geben konnte, wonach ich suchte. Ich vertraute immer mehr.

Dennoch versuchte ich noch immer manchmal, mir das Leben so zurechtzubiegen, wie ich es mir vorstellte. Dem Bestreben, das Leben nach meinen Vorstellungen zu formen, lag auch sehr viel Schmerz zugrunde. Was war, wenn ich mich anstrengte etwas zu manifestieren, das sich einfach nicht manifestieren wollte? Dann hatte ich Zweifel an mir selbst und strengte mich noch mehr an. Ich verhielt mich so, als stünde es in meiner Macht, das Leben zu beeinflussen und zu lenken. Dann fand regelmäßig der gesunde Ausgleich durch die Demütigung statt, es trotz aller Anstrengungen nicht immer geschafft zu haben.

Und jetzt – so viel Leichtigkeit und Selbstverständlichkeit in der Hingabe. Unendliche Freiheit, wenn geschieht, was geschehen soll. Unendliche Freiheit in der Hingabe an das, was ist. Unendliche Freiheit in der Erkenntnis, dass es keine Person gibt, die bestimmen, manipulieren und erschaffen kann, was geschieht. Durch die stetig wachsende Hingabe an etwas Größeres geschah Gnade, immer wieder. Dann kam die letztendliche Gnade des Erwachens, des Gewahrseins der unendlichen Freiheit.

Sicher hast du auch im Laufe deines Lebens immer wieder Gnade erfahren. Vielleicht hast du in Momenten der Gnade erfahren, dass die Person, die du zu sein glaubst und die dein Leben zu kontrollieren meint, sich etwas viel Größerem hingegeben hat. Vielleicht geschah etwas, das du weder hättest kontrollieren noch manipulieren können. In Momenten der Gnade bist du gewahr, dass es etwas viel Größeres gibt. Da ist reines göttliches Bewusstsein, welches das Leben durch deinen Körper lebt, ohne dass du es steuern könntest. Vielleicht gab es Momente der Hingabe an das unendliche Sein, in denen sich die Ereignisse in eine Richtung entwickelt haben, die du bewusst niemals angesteuert hättest. Vielleicht konntest du deren Sinn zunächst nicht erkennen. Vielleicht hast du erst später erkannt, was für eine Gnade es war, diesem Impuls gefolgt zu sein. Vielleicht erkennst du immer mehr, dass letztendlich alles von unendlichem göttlichem Bewusstsein und nicht von einer identifizierten Person gesteuert wird.

Sind dir nicht auch immer wieder deine Grenzen bewusst geworden? Hast du nicht auch immer wieder erfahren, dass du dich bemüht hast, dir etwas gewünscht hast, das nicht zu kontrollieren oder zu manipulieren war? Gab es vielleicht auch Situationen, in denen du dich vom Leben ungerecht behandelt oder bestraft gefühlt hast? Gab es nicht Momente in denen du der Ansicht warst, dein Leben müsse „besser" laufen? Wenn du dich gegen den natürlichen Fluss des Lebens stellst, erzeugst du Leiden. – Auch wenn du besser zu wissen glaubst, was richtig für dich und die Welt ist. Wenn du dich dem unendlichen Bewusstsein nicht hingibst, liegst du im Kampf mit dem, was Realität ist, jetzt, in diesem Moment. Ist es nicht eine unglaubliche Arroganz und letztendlich Unwissenheit der Person, mit der du dich identifizierst, wenn sie meint, besser zu wissen, was richtig wäre? Glaubst du, all das wirklich besser wissen zu können?

Wahre Freiheit, wahrer Friede ist, wenn wir uns nicht mehr gegen das sträuben, was ist. Wahrer Friede ist, wenn wir nicht mehr glauben, alles besser zu wissen. Wenn wir uns als das unendliche Bewusstsein erkennen. Das heißt natürlich nicht, dass es nichts mehr zu tun gibt. Es heißt nicht, dass es in manchen Situationen nicht wichtig sein kann, sich aktiv für etwas einzusetzen und zu kämpfen. Es heißt auch nicht, dass man alles mit sich machen lässt und alles hinnimmt. Es heißt nur, in der Vollkommenheit eines jeden Augenblickes zu sein.

Zu hören, dass alles in jedem Moment vollkommen ist so wie es ist, ist eine wahre Provokation für viele Menschen. Viele antworten darauf: ‚Was ist denn mit den vielen Menschen, die an Hunger oder im Krieg sterben? Das kann ja wohl genauso wenig göttliche Gnade sein wie es vollkommen sein kann, dass manche Menschen viel und andere weniger Geld haben.‛ Oft kommt auch der Einwand, dass so etwas nur Menschen sagen, die auf der Sonnenseite des Lebens stehen, die im Wohlstand leben und sich keine Sorgen um ihr Überleben machen müssen. Und doch, es bleibt, wie es ist. Alles, was ist, ist in vollkommener Ordnung, in jedem Moment. Es ist auch vollkommen, dass du dich über diese Aussagen aufregst. Es gibt nur Liebe, in allem, was ist. Im Gewahrsein unendlicher Liebe, im Gewahrsein der Essenz bist du zu Hause. Wenn du die Vollkommenheit eines jeden Augenblickes erkennst, bist du unendlich frei. Dann weißt du auf eine sehr tiefe Art und Weise, dass nichts anders sein sollte, als es ist. Im Gewahrsein der Vollkommenheit eines jeden Augenblicks gibt es keinen wirklichen Kampf, nur unendliche Liebe und Friede. Auch Kampf, Krieg, Hass, Leid, Schmerz, Lachen, Freude, Spaß, Glück kommen und gehen. Sie sind vergänglich und können das, was du in Wahrheit bist, nicht wirklich berühren, nicht wirklich zerstören.

Du erkennst, dass auch hinter Hunger, Leid und Tod die Unendlichkeit ist. Es geht hier gar nicht darum, menschliches Leid, Krieg und Hunger zu beschönigen. Es besteht kein Zweifel daran, dass wir Menschen grausam sein können und uns gegenseitig viel Leid zufügen. Aber wenn wir uns weiter mit Gut und Böse, Richtig und Falsch identifizieren und versuchen, alles nach unseren Vorstellungen unter Kontrolle zu bringen, wird das Leiden nicht beendet werden. Genau dieses System erhält Leiden aufrecht. Auf der Ebene der Dualität gibt es immer auch die Polarität. Solange wir nur eine Seite betonen und die andere ablehnen, kann das Vollkommene in allem, kann wahrer Friede nicht erkannt werden. Woher willst du wissen, dass alles, was existiert, so wie es ist, nicht richtig ist? Woher kannst du wirklich wissen, dass das Leben anders sein sollte? Wie kannst du wissen, dass nicht alles in bester Ordnung ist? Du legst dich mit der göttlichen Schöpfung, mit dem reinen unendlichen Bewusstsein an, weil du glaubst, es besser zu wissen. Woher weißt du, dass es nicht Gnade, nicht ein großes Geschenk ist, wenn jemand leidvolle Erfahrungen macht, um das unendliche Sein in allem zu erkennen. Der entsetzliche, fast unerträgliche Schmerz, der mich einige Jahre meines Lebens plagte, war unendliche Gnade, auch wenn ich das damals nicht erkennen konnte. Auf diese Weise wurde eindringlich nach unendlichem Frieden, nach der Freiheit jenseits von Glück und Leid gesucht.

Woher weißt du, dass ein Mensch, der sich voller Gottvertrauen in einem Kriegsgebiet aufhält, unglücklicher ist, als jemand, der zwar in äußerem Frieden und reinstem Wohlstand lebt, aber einen unglaublichen Krieg im Inneren seines Selbst führt? Was, wenn sich dieser Mensch nie glücklich, geborgen und geführt fühlt? Woher weißt du, dass es in Gegenden, wo Hunger und Krieg herrschen, keine Menschen gibt, die sich eingebettet fühlen in das größere Ganze? Warum glaubst du, kann es nicht sein, dass manche Menschen den inneren Frieden jenseits von Krieg und Frieden erst durch den Krieg erkennen, genau wie die Vollkommenheit dieses Augenblickes. Ich habe von lebenslänglich Gefangenen gehört, welche die letztendliche Freiheit im Gefängnis fanden. Von Menschen, die vor der Vollstreckung der Todesstrafe in das Gewahrsein unendlichen Seins fielen und erwachten. Auch wenn der Körper gefangen ist oder Schmerz erleidet, das, was du in Wahrheit bist, wird von all dem nicht berührt. Dennoch bleibt Schmerz einfach nur Schmerz. Im Gewahrsein der Unendlichkeit gibt es keine Person, die verhungern könnte, die zerstört oder geboren werden könnte. Es ist Bewusstsein, das sich seiner selbst, der Unsterblichkeit und der Ewigkeit bewusst ist. Es ist, wie es ist, ohne Form, ohne Namen, ohne Worte in diesem Moment hinter allen menschlichen Erscheinungen. Und je mehr dieses Bewusstsein in uns wächst, desto mehr können wir Schmerz erleben, traurig sein, sterben und geboren werden im Gewahrsein der Stille, des unendlichen Friedens.

Wenn du dieses Buch liest, hast du den Wunsch, die Unsterblichkeit, wahres Sein zu erkennen. Wenn du dich unendlichem Sein hingibst, kannst du mehr und mehr die Begrenzungen der menschlichen Form erkennen, ohne dass du sie ablehnen und verändern müsstest. Es geht nicht darum, die menschlichen Erscheinungen abzulehnen. Je mehr ich mich dem göttlichen Bewusstsein hingeben konnte, war ich frei inmitten all der menschlichen Erscheinungen. Die menschlichen Erscheinungen mussten nicht zurückgewiesen werden, nur die Anhaftungen haben sich aufgelöst. Nur durch Identifizieren und Anhaften wird Leid erzeugt. Niemals durch die Dinge selbst. Sie sind. Das ist alles. Sie sind neutral.

Es gibt weiterhin „Vorlieben" und Eigenarten. Nichts wird jedoch für absolut und wirklich notwendig gehalten. Hingabe, auf welche Weise sich göttliches Sein durch meinen Körper auch ausdrücken mag. So wie es ist, ist es vollkommen. Es gibt niemanden mehr, der sich mit all dem identifiziert. In Wahrheit gab es niemals jemanden. Die Identifizierungen und Anhaftungen wurden der Unendlichkeit hingegeben. Hingabe an das, was wir in Wahrheit sind. Hingabe an den Schmerz. Hingabe auch an das, was wir für falsch halten. Hingabe an alles, was ist.

Vertraue, denn du als einzelne identifizierte Person kannst das Leben nicht wirklich lenken. Dieser Körper, dieser Name ist nur die Hülle, durch die sich unendliches Sein ausdrückt. Tiefer Friede und Stille sind, wenn das Leben jetzt, so wie es ist, durch deinen Körper gelebt wird, mit all seinen Funktionen und menschlichen Eigenarten. Es ist Bewusstsein, unendliches Sein, das sich durch dein Leben ausdrückt, um sich selbst zu erkennen. Wenn du aufhörst, das Leben kontrollieren zu wollen, hört der Kampf auf. Dann tritt Friede ein. Dann gibst du dich dem hin, was ist. Es gibt nur göttliches Bewusstsein, unendliche Liebe, auch wenn dein Körper schreit, Hunger hat, traurig oder glückselig ist. Es ist wie es ist, vollkommen.

Gib den Kampf auf. Er kann nicht gewonnen werden. Aussichtslos. Du hast nie etwas falsch oder richtig gemacht. Es geschieht, was geschehen will. Gib dich dem hin, was ist. Und selbst wenn du dich nicht hingeben willst, ist das in Ordnung. Befreie dich von der Last der Vorstellung, etwas richtig oder falsch tun zu können. Ich habe mir früher viele Gedanken darüber gemacht, ob ich etwas richtig oder falsch mache. Ich habe mir den Kopf darüber zerbrochen, was andere über mich denken könnten. Ich habe versucht, jede Regung meines Gegenübers zu registrieren. Daraus glaubte ich ableiten zu können, was über mich gedacht wird, und hoffte, die Situation dann entsprechend ausgleichen und beeinflussen zu können. Harmonie war mir so wichtig. So viele Gedanken und so viel Kontrolle durch das Bedürfnis, scheinbare Disharmonien auszugleichen und geliebt zu werden.

Jetzt geschieht, was geschehen will. Hingabe an das, was geschieht. Gedanken kommen. Gefühle tauchen auf, Stimmungen sind plötzlich da. Im Gewahrsein der Unendlichkeit gibt es nichts, das dem Bedeutung beimisst und Glauben schenkt. Sie tauchen auf und verschwinden wieder. Unendliche Freiheit, in der Vollkommenheit dessen, was ist. Was geschieht ist willkommen. Es ist. Das, was ich früher vielleicht als „mich daneben benehmen", beurteilt hätte, geschieht heute, ohne als solches empfunden zu werden. Auch wenn ich nicht so fleißig, stark und perfekt bin, wie ich es früher von mir erwartet habe, ist all dies jetzt da. Hingabe – Friede und Stille. Es ist, wie es ist, sonst nichts.

Im göttlichen Gewahrsein ist die Ebene der „persönlichen" Entscheidung, auf der du dich als identifiziertes Individuum zu bewegen scheinst, nicht mehr vorhanden. Du hast dich dem Größeren, dem Einen Sein hingegeben. Daher gibt es Impulse, denen du folgst, Vorlieben, die das göttliche Sein durch dich zu haben scheint, Rollen, die das unendliche Sein durch dich spielt, Arbeiten, die durch deinen Körper gemacht werden, Menschen, die dein Körper anzieht und zu denen du geführt wirst. Es geschieht – und wenn es das Vertreten einer Meinung ist, die am nächsten Tag, in einer anderen Situation vielleicht genau entgegengesetzt ist. Unendliches Bewusstsein ist, drückt sich in Formen aus, über die das scheinbare Ego keine Kontrolle hat. Es gibt niemanden, der das Leben wirklich kontrollieren könnte. Göttliches Sein spielt dieses Spiel durch diesen Körper als Ehefrau, Freundin, Tennispartnerin, Buchautorin, Medium, Hausfrau, Schwester und Tochter. Nichts, was ich in Wahrheit bin. Göttliches Sein spielt auch durch deinen Körper. Du kannst nichts wirklich bestimmen, kontrollieren oder erzwingen. Hast du nicht immer wieder erfahren, dass geschah, was geschehen wollte? Gib dich dem hin, was ist.

Was ist eigentlich Hingabe? Hingabe bedeutet, in Frieden zu sein, mit dem was ist. Hingabe heißt, dein Ego, deine Identifikationen etwas Größerem anzuvertrauen. Du gibst die getrennt identifizierte Person der unendlichen Liebe hin. Das bedeutet nicht, dass die Realität deines Lebens völlig verloren geht. Es bedeutet nicht, dass du nicht mehr weißt, wie du heißt. Es bedeutet nicht, dass du dein Leben nicht mehr aktiv weiterführen kannst. Das ist jedenfalls nicht das, was mir geschah. Im Gegenteil. Ich bin mehr als zuvor im Leben präsent. Offen, jetzt in diesem Moment. Hingabe an das, was ist. Hingabe auch an die Erde. Hingabe an alle menschlichen Erscheinungen und Ausdrucksformen. Da ist Friede, hier und jetzt, unendliches Bewusstsein, unser wahres Zuhause, vor jeglicher Erscheinung, vor der Erscheinung eines jeden Wesens, selbst vor der Erscheinung des Wortes Gottes.

Hingabe bedeutet nicht, nichts mehr tun zu müssen. Und das möchte betont werden: Hingabe bedeutet nicht, keine Verantwortung für das eigene Leben mehr übernehmen zu müssen. Und Hingabe bedeutet auch nicht, alles erleiden und erdulden zu müssen und sich selbst zum Opfer der Umstände zu machen. Das ist nicht gemeint.

Solange du als Person identifiziert, verstrickt und gefangen bist, kann dir die Hingabe an „Gott", an etwas „Größeres" helfen, Frieden zu finden. Die Hingabe deiner Vorstellungen und Identifizierungen an das, was ist, schenkt dir unendliche Freiheit. Allerdings kannst du das nicht mit Hingabe bezwecken oder erzwingen. Dich wirklich hinzugeben bedeutet die vollständige Bereitschaft, dich allem zu öffnen, welche Form es auch immer annehmen mag. Es bedeutet auch die Bereitschaft, den Wunsch nach Kontrolle etwas Größerem hinzugeben, nichts Geringerem als der wahren Essenz. Wenn du Schwierigkeiten hast, dich hinzugeben und zu vertrauen, ist das in Ordnung. Das, was du bist, unendliches Sein wird davon niemals berührt. Es kann dadurch nicht verloren gehen.

Da ist Hingabe an das Vollkommene in jeder menschlichen Erscheinung. Keine Situation, keine Form, durch die sich göttliches Sein zum Ausdruck bringt, muss unterdrückt oder festgehalten werden. Es gibt keinen Fehler. Göttliches Sein geschieht. Und es gibt niemanden, der wahrlich wissen kann, was sein soll und was nicht. So wie es ist, ist es. Und so mag es sein, dass du dich für verschiedene politische und soziale Veränderungen einsetzt. Doch nicht du bist es, der das bestimmt. Es ist das unendliche Sein, das sich auf diese Weise auf deinem Weg zum Ausdruck bringt.

Das bedeutet jedoch nicht, dass sich jeder „aktiv" für eine „bessere" Welt einsetzen muss. Das Höchste geschieht, wenn du erkennst, was du in Wahrheit bist. Dann ergibt sich Sein in unendlichem Frieden, ohne dass jemand dies zu bewerten und zu kontrollieren vermag. Nicht du bist die Person, die all die wunderbaren Dinge tut, für die sie gelobt wird. Nicht du bist die Person, die unzulänglich ist. Es geschieht. Nichts, worauf du dir wirklich etwas einbilden könntest, und nichts, wofür du dich abwerten müsstest. Es ist das Spiel, das göttliches Sein durch diesen Körper spielt. Du bist nicht dieser Körper. Du bist nicht diese Person. Du bist nicht dieser Name. Du bist das Eine. Du bist das, was bereits vollkommen ist.

Letztendlich bist du auch nicht der, der zu handeln glaubt. Handlung geschieht durch deinen Körper. Es geschieht, was geschehen will. Das kann sich durch deinen Körper in Handlung oder Nichthandlung ausdrücken. Solange du identifiziert bist, glaubst du, deine Schritte selbst tun und dein Leben selbst kontrollieren zu können. Auf dieser Ebene ist es auch sehr wichtig, konkrete Schritte „selbst" zu tun, um dich aus den Verstrickungen deines Lebens zu befreien. Selbst wenn du dich noch so sehr anstrengst, kann sich ohne Vertrauen und Hingabe an das Leben, an das Eine Sein, kein wirklicher Friede einstellen. In der Hingabe findet eine Hochzeit statt zwischen dem, was du „als Person aktiv tun" kannst und der Gnade, die dir geschenkt wird. Die Gnade kann bewirken, dass du, der sich identifiziert, und das Größere, dem du dich hingibst, sich auflösen in einem einzigen Sein.

Erinnere dich an die Momente in deinem Leben, in denen Hingabe und Gnade geschahen oder in denen du Hingabe und Gnade erkennen konntest. Allein durch die Dankbarkeit für Momente der Gnade, die dir bereits zuteil wurden, wird dir aufs Neue Gnade geschenkt, auch wenn du nicht bewusst danach suchst. Ein Moment der Gnade. Du hast die Unendlichkeit berührt. Die Unendlichkeit, dein wahres Zuhause ist zu jeder Zeit da, jetzt, in diesem Moment. Ein Moment Gnade, ein Segen, auch wenn du später wieder identifiziert bist.

Gnade kannst du genausowenig erzwingen wie das Erwachen. Du kannst nur eines tun: der Unendlichkeit deine Verstrickungen und Identifizierungen schenken. Es ist wie ein Tod. Es ist wie Sterben. Es ist Sterben. Es ist das Loslassen deiner Verhaftungen und die vertrauensvolle Hingabe an das Eine in allem. Was du einmal erkannt hast, die Gnade, die dir einmal zuteil wurde, ist immer da. Sie geht nicht verloren. Es ist die Gnade des Erkennens, des Gewahrseins, der Unendlichkeit, göttlichen Bewusstseins, das Wiederfinden und Auflösen in der Ewigkeit.

Wahre Hingabe ist sich selbst genug.
Nach dem Himmel nicht verlangen,
die Hölle nicht fürchten.

Rabia el-Adawia

Die Lust zu leiden

Leiden war mir sehr vertraut. Viele Jahre des Leidens sind im Rückblick betrachtet einerseits ein wahres Geschenk, andererseits waren sie einfach nur schmerzhaft. Es war, als hätte sich mehr Schmerz als der eines ganzen Lebens auf diese Jahre konzentriert. Das Leiden war extrem. Es konnte einfach nicht ignoriert oder unterdrückt werden.

Ich sehe, wie verbreitet Leiden ist. Auch wenn manche Menschen ihren Schmerz nicht bewusst wahrnehmen, ist er oft deutlich sichtbar, auch hinter augenscheinlichem Glück. Im unendlichen Gewahrsein ist erkennbar, wie sehr wir Menschen am Leiden festhalten und wie viel Leid durch Vergessen und Unwissenheit verursacht wird, durch Nichterkennen der Vollkommenheit in jedem Moment. Leiden scheint so vertraut zu sein. Es scheint Sicherheit zu geben, so viel Sicherheit, dass es oft weniger Angst macht, als sich etwas Neuem und doch so Vertrautem, dem wahren Sein hinzugeben. Es scheint, als seien wir Menschen auch mit dem Leiden identifiziert, weil unsere Angst vor der Freiheit, vor Hingabe und Tod so groß ist.

Im Laufe meines Lebens habe ich immer wieder gespürt, wie ein Teil von mir am Schmerz festhielt, an der bekannten, scheinbaren Sicherheit, obwohl ich mir auf der anderen Seite nichts mehr wünschte, als glücklich und frei zu sein. Und doch war auch Angst da, die Angst, in unendlicher Freiheit den Bezug zu den Menschen zu verlieren. Es gab Momente in meinem Leben, in denen ich deutlich spürte, dass ich Angst vor wahrer Freiheit hatte und lieber verstrickt blieb. Und immer wieder beobachtete ich, wie auch anderen Menschen das Leiden vertrauter, sicherer und zuverlässiger zu sein schien als die Freiheit des Seins.

Dieses Thema kam bei mir auf den Punkt, als ich heiratete und es um die Wahl meines Nachnamens ging. Mein Geburtsname ist Stumpe. Ich habe diesen Namen nie gemocht, während ich mit meinem Vornamen nie Probleme hatte. Es gab auch nie den Impuls, einen spirituellen Namen anzunehmen. Doch mein Nachname war schon als Kind ein Problem für mich gewesen. Er fühlte sich an wie der Lebenskraft beschnitten, eingeschränkt und klein gehalten. Auch in seiner Bedeutung klang nichts Attraktives an, nur Begriffe wie stumpf, Zigarrenstumpen, Baumstumpf, abgestumpft. Früher war ich froh, wenn ich meinen Nachnamen nicht nennen musste. Er war wie ein belastendes Anhängsel. Und nun stand dieser Name wahrhaftig zur Diskussion. Ich setzte mich also mit den in Frage kommenden Namen auseinander. Den Namen Barbara Stumpe wollte ich ohne Zweifel nicht mehr tragen. Ich stimmte mich auf den Namen Barbara Vödisch ein und erfuhr eine unendliche Freiheit, eine Freiheit, die mir Angst machte. Ich hatte Angst mich aufzulösen. Das brachte mich dem Namen Stumpe plötzlich näher. Ich hatte das Gefühl, dass mich dieser Name irgendwie erdete. Auf einmal empfand ich eine ganz deutliche Liebe zu diesem Namen, zu meiner Familie und zu meinen Verstrickungen mit ihnen. Ich traf die bewusste Entscheidung, ein Stück Leid durch Verstrickungen zu wählen. Die Alternative, unendliche Freiheit, schien mir zu beängstigend. Ist das nicht absurd? Hatte ich mir nicht immer gewünscht, diesen Namen endlich loszuwerden? Und jetzt, da ich die Möglichkeit dazu hatte, konnte ich ihn zum ersten Mal annehmen. Ich entschied mich für den Doppelnamen Stumpe-Vödisch. Die innere Auseinandersetzung um die Wahl meines Namens machte mir auch deutlich, dass mir die Verstrickungen und das Leid meiner Kindheit eine Art Bodenhaftung, eine Verankerung gaben. Sie halfen, „meine Energie", die den starken Drang zur Auflösung und zur Feinstofflichkeit hatte, in die Materie zu bringen. Doch allmählich wuchsen mir Wurzeln und Erdung wollte nicht mehr durch Verstrickungen geschaffen werden.

Mit dem Loslassen der Verstrickungen war jedoch wieder die Angst verbunden, mich im Leben nicht mehr zurechtzufinden und aufzulösen. Die Selbstverständlichkeit des Seins war noch nicht wie heute gegeben.

Zwei Jahre nach meiner Hochzeit starb mein Vater. Drei Monate nach seinem Tod war der deutliche Impuls da, an einem Seminar über spirituelle Numerologie teilzunehmen. In einer Meditation sollten wir uns mit der Energie des Moses verbinden, der diese Form der Numerologie übermittelt hatte. Plötzlich hörte ich ein Lied: Barbara Vödisch, Barbara Vödisch, Barbara Vödisch, endlos gesungen zu einer wunderschönen Melodie. Doch in mir meldete sich der Kritiker, der sich fragte, was das denn sollte? Ich wollte mich doch mit der Energie des Moses verbinden, warum also hörte ich jetzt diesen Namen? Wieder begann ich, mich auf die Energie des Moses einzustimmen. Wieder war die Melodie Barbara Vödisch zu hören. Ich fragte mich, was denn da schief lief? Aufs Neue stimmte ich mich auf die Energie des Moses ein. Ich erwartete alles andere, als wieder diesen Namen mit dieser Melodie zu hören. Das schien mir nur störend für die womöglich wichtigeren Informationen, die auf mich warteten. Nachdem ich mich ein paarmal scheinbar erfolglos auf die Energie des Moses ausgerichtet hatte und die Melodie des Namens Barbara Vödisch nicht hatte stoppen können, gab ich auf. Ich lauschte nun doch diesem Namen und seiner Melodie.

Seit ich den Doppelnamen gewählt hatte, hatte es nie Zweifel an dieser Entscheidung gegeben, auch keine weiteren Überlegungen. Das war der Name, für den ich mich entschieden hatte. Der Name Barbara Vödisch war also ganz überraschend aufgetaucht. Auf einmal verstand ich. Vielleicht sollte ich diesen Namen doch einmal numerologisch entschlüsseln. Ich tat es, konnte aber zunächst noch nicht viel mit den Zahlen anfangen. An diesem Seminar nahmen ungefähr vierzig Menschen teil. Dennoch ergab sich „durch Zufall" die Gelegenheit, dass ich den Seminarleiter sprechen konnte. Ich zeigte ihm die Auflösung der Namen, Barbara Stumpe, Barbara Stumpe-Vödisch und Barbara Vödisch. Er schaute ganz kurz auf die Zahlen und sagte, Barbara Vödisch sei eindeutig die beste Wahl. Ich war überrascht. Wieder einmal meldete sich der Kritiker: „Er hat ja nur kurz draufgeschaut. Vielleicht hat er etwas übersehen. Das muss nicht stimmen." Aber etwas Wichtiges sprach dafür: das völlig unerwartete Erklingen dieser Namensmelodie, die Tatsache, dass ich nichts gesucht hatte. Es war einfach aufgetaucht. Ich beschloss, den Namen Barbara Vödisch zumindest einmal zuzulassen. Wieder spürte ich eine Freiheit, vor der ich Angst hatte. Doch je länger ich mich damit auseinandersetzte, desto mehr Ruhe kehrte ein. Dann hatte ich die Idee, mit dem neuen Namen zu experimentieren. Ich besprach den Anrufbeantworter mit Barbara Vödisch und schrieb meine Seminare unter diesem Namen aus. Nach ein paar Monaten wusste ich, dass genug Erdung und Liebe zum Leben da war und dass ich die scheinbare Erdung und die Verstrickung, die ich mit dem Namen Stumpe in Verbindung brachte, nicht mehr brauchte.

Ein wenig Skepsis blieb jedoch. Ich wusste von meinen Bruder Christoph, der sich mit Namensänderungen beschäftigt hatte, dass es in Deutschland fast unmöglich ist, seinen Namen amtlich zu ändern. Ich ging also davon aus, dass ich meinen Doppelnamen im täglichen Leben in Vödisch ändern könne, keinesfalls aber amtlich. Eines Tages hatte ich, obwohl ich mir sicher war, dass eine Änderung des Namens nicht möglich sei, den Impuls, mich ans Amt zu wenden. Zu meinem größten Erstaunen teilte man mir dort mit, dass es noch möglich sei, einen Teil des Doppelnamens zu streichen. Ich konnte es fast nicht glauben. Und doch war ich noch immer nicht bereit, diese Änderung eintragen zu lassen. Ich ging noch einmal in die Tiefe. Ich fühlte die Angst vor der Freiheit und die Angst, den Kontakt zu Menschen zu verlieren. Erst ein paar Monate später war das tiefe Vertrauen da, gehalten zu werden, und die Freude, jeden Funken von Leiden loszulassen und mich in die Freiheit fallen zu lassen, in das Eine Sein. Entschlossen änderte ich meinen Namen. Und es wurde, genau wie befürchtet, unglaublich viel Energie frei und vieles ergab sich plötzlich ganz von selbst.

In direktem Zusammenhang mit der Veränderung meines Namens stand die Veröffentlichung meines ersten Buches. Ich fand erst einen Verlag, nachdem ich mich für den Namen Barbara Vödisch entschieden hatte und nachdem viele wichtige Erfahrungen und Erkenntnisse geschehen waren. Ich hatte eigentlich nicht daran gedacht, ein Buch zu veröffentlichen. Es war nie mein Wunsch gewesen, Bücher zu schreiben, schon gar nicht, sie medial zu übermitteln. Es ergab sich durch die Aufforderung der geistigen Wesenheiten. Ich selbst als „identifizierte Person" hätte mir das damals nicht zugetraut. Aber ich hatte Vertrauen in die geistige Welt und ließ mich führen. Dieses Vertrauen vermochte auch die „sich klein machende Barbara" nicht zu schmälern. Während ich die auf Tonband gesprochenen Übermittlungen in den Computer tippte, tauchten allerdings große Widerstände auf. Der Kritiker in mir kommentierte jeden Satz: „So ein Schwachsinn. Ist doch alles erfunden. Das ist ja nur peinlich. Damit kannst du dich doch nicht in die Öffentlichkeit wagen. Wenn das jemand liest, der dich kennt, wird er den Kontakt mit dir meiden." Zu der Zeit arbeitete ich ganz solide psychotherapeutisch am Max-Planck-Institut, einer wissenschaftlichen Einrichtung. Von meinem Kontakt zur geistigen Welt erzählte ich dort nichts. Es hätte wahrscheinlich zu unnötigen Schwierigkeiten geführt. Es gab also auch Gedanken wie: „Hoffentlich erfährt das niemand vom Institut. Was bildest du dir eigentlich ein, so einen Unsinn veröffentlichen zu wollen?" Ich kann kaum beschreiben, was für eine nervige innere Unterhaltung das war. Auf der andere Seite war aber immer auch der Impuls zu vertrauen, den zweifelnden Stimmen kein Gehör zu schenken und weiter zu arbeiten. Diese kritischen Stimmen plapperten ununterbrochen, anfangs bei jedem Satz, den ich aufschrieb. Aber auch die Stimme des Vertrauens meldete sich immer wieder: „Mach einfach weiter. Egal, gib diesen Unsinn einfach ein." Während der Übermittlungen herrschte absoluter Friede. Da gab es keine Zweifel. Bei der Bearbeitung des Textes dafür um so mehr. Und doch wurde deutlich, dass meine Gedanken und Empfindungen keine Substanz hatten. Sie waren veränderlich, oft sogar ge-

gensätzlich. Was ich am einen Tag für schlecht hielt, wurde am nächsten Tag oft mit ganz anderen Augen gesehen und für gut befunden. Dadurch wurde mir klar, dass ich meine Gedanken nicht zu ernst nehmen und einfach nur meine Arbeit machen sollte. Auch wurde deutlich, dass ich mich trotz all meiner Zweifel der Welt stellen und einen Verlag für das Buch finden sollte. Ich hatte das Gefühl, eine Art Verpflichtung eingegangen zu sein und sogar mehr als eine Verpflichtung. Ich war aufgefordert, meinen kleinen eingeschränkten Horizont zu erweitern.

Ich schrieb viele Verlage an, schickte ihnen mein Manuskript – und bekam eine Absage nach der anderen. Das war nicht leicht zu verkraften. Trotzdem gab es immer den Impuls weiterzumachen, auch wenn etwas in mir schon längst nicht mehr wollte. Schließlich hatte ich alle Verlage angeschrieben, die in Frage kamen. Mir fiel keiner mehr ein, an den ich mich noch hätte wenden können. Guido meinte, ich könne mich auch zum zweiten Mal an einen Verlag wenden. Es schien mir unmöglich, ein abgewiesenes Manuskript noch einmal an denselben Verlag zu schicken. Guido fragte: „Was kann dir denn mehr passieren, als eine weitere Absage zu bekommen?" Ich dachte darüber nach. Er hatte Recht. Im schlimmsten Fall könnte einer der Lektoren mich für aufdringlich und mein Manuskript für schlecht halten. Was ist daran wirklich schlimm? Das wären, wenn überhaupt, die Gedanken eines einzelnen Menschen, mehr nicht. Ich spürte, dass es wichtig war, mich darüber hinwegzusetzen. Auch wenn man mein Manuskript wieder ablehnte, würde ich nicht daran sterben. Also schrieb ich zwei Verlage ein zweites Mal an. Das war meine letzte Hoffnung. Auch diesmal wurden die Manuskripte zurückgeschickt.

Als eintrat, was ich befürchtet hatte, war ich erstaunlich ruhig und gelassen. Ich spülte gerade Geschirr und machte einfach weiter, als ich mich plötzlich an einen Traum erinnerte. Drei Tage zuvor hatte ich geträumt, dass mich der letzte Verlag, der mir das Manuskript zurückschickte, zu einem anderen leiten würde. Also griff ich zum Telefonhörer, um diesen Verlag anzurufen. Mein innerer Kritiker meldete sich wieder: „Zwei Mal wurde dein Manuskript von diesem Verlag zurückgeschickt, und jetzt willst du da auch noch anrufen!" Unbeeindruckt und ungewohnt selbstverständlich rief ich den Verlag an und fragte, ob eine bestimmte Lektorin zu sprechen sei. Mir wurde mitgeteilt, dass die Telefonnummer der Lektorin nicht so einfach weitergegeben werde. Ich versicherte, dass ich die Lektorin nicht belästigen wolle, sondern nur eine kurze Frage an sie hätte. So bekam ich die Telefonnummer und rief sofort an. Ich erzählte der Lektorin, dass ich nicht wisse, an wen ich mich mit meinem Manuskript noch wenden könne, und fragte, ob sie vielleicht eine Idee hätte. Sie fragte, ob ich schon auf der Frankfurter Buchmesse gewesen sei. Das war der Hinweis, von dem ich geträumt hatte. Es waren noch sechs Wochen bis zur Frankfurter Buchmesse, die ja nur einmal jährlich stattfindet. Ich musste dorthin gehen. Das war völlig klar. Eineinhalb Jahre der Suche nach einem Verlag lagen hinter mir, eineinhalb Jahre, in denen ich nur Absagen bekommen hatte. In dieser Zeit war mir der Teil in mir bewusst geworden, der sich nicht ganz in die Welt hinaus wagte, der sich nicht verletzbar machen wollte. Es war der Teil von mir, der Erfolg und die Veröffentlichung dieses Buches boykottierte. Ich wollte einerseits geschützt und unversehrt bleiben, andererseits wollte ich, dass dieses Buch erschien. Ich wollte einerseits, dass dieses Manuskript einen Verlag fand, andererseits wollte ich meine scheinbare Sicherheit nicht verlassen. Nein, dazu war ich noch nicht wirklich bereit.

Doch jetzt wurde alles von mir gefordert. Ich musste mich aus meiner geschützten Welt hinausbewegen. Ich war aufgefordert zu wachsen, meine Ängste nicht zu wichtig zu nehmen und voller Vertrauen weiterzugehen, hinaus aus jener Welt aus Gedanken wie „Ich bin zu klein. Die anderen sind besser. Das ist ja peinlich. Das muss perfekt sein. Ich will mich nicht so verletzbar machen. Wer bin ich denn schon?" Da waren Ängste und Zweifel. Und dennoch beschloss ich, weiterzugehen und etwas Größerem zu vertrauen.

Etwa drei Monate vor der Buchmesse und vor meinem Traum wurde die Grundlage für das gelegt, was dann geschah. Ich war mit Guido in Spanien, in einem wunderschönen Ferienhaus mit Blick aufs Meer. Zehn Tage lang machte ich eine sehr intensive Fasten- und Darmreinigungskur, in der Schlacken und Ansammlungen im Körper gelöst wurden. Die körperliche Reinigung wirkte sich auch auf der psychischen Ebene aus. Viele alte Themen kamen ans Licht, besonders Minderwertigkeitsgefühle und das Gefühl, nicht geliebt zu sein. Ich war bereit, den Ballast abzuwerfen. Aber leicht war das nicht. Eines Tages, als ich mit Guido in der Sonne auf der Terrasse lag, sprachen wir über unsere Zukunft. Guido sagte: „All deine Pläne sind auf mich ausgerichtet. Ich fühle mich unter Druck. Ich kann nicht verstehen, warum du dich mit all deiner Energie und deinen Fähigkeiten nicht deiner eigenen Aufgabe stellst. Die solltest du im Auge haben, nicht meine, denn darum kümmere ich mich schon selbst. Es ist offensichtlich, dass du Angst vor deiner Aufgabe hast und ihr aus dem Weg gehst. Anstatt deine Energie und Aufmerksamkeit deiner Aufgabe zu widmen, konzentrierst du sie auf mich. Darauf habe ich keine Lust mehr."

Dazu konnte ich erst einmal nichts sagen. Nicht einmal Worte der Verteidigung wollten kommen. Das war kein Angriff. Seine Worte hatten die Kraft eines Schwertes, kraftvoll, klar und durchtrennend. Ich wusste, dass er meinen wunden Punkt getroffen hatte und die Wahrheit sprach. Einerseits wollte ich mich der Welt stellen, andererseits wollte ich alles, nur das nicht. Da war zwar die Bereitschaft, ein Buch zu veröffentlichen, aber gleichzeitig wollte ich im Verborgenen bleiben. Ich hatte Angst, mich verletzbar zu machen und ganz für mich zu stehen. In diesem Urlaub wuchs die Bereitschaft meine ganze Kraft für meine Aufgabe zur Verfügung zu stellen. Und um sie zu erfüllen, würde ich tun, was das Leben forderte. Da war die Bereitschaft, das Leben anzunehmen, mit all seinen Herausforderungen, ohne Netz und doppelten Boden. Da war die Bereitschaft, einfach zu sein und mich von meinen Egogeschichten nicht mehr beeindrucken zu lassen. Ich hatte auch Angst mich zu wichtig zu nehmen und überheblich zu wirken, wenn ich mich zeigte. Da war die Angst, jemand anderem etwas wegzunehmen, obwohl ich wusste, dass das Quatsch war.

Meine Kindheit leuchtete noch einmal auf, die Zeit, in der mir vieles leicht gefallen war und ich Neid angezogen hatte, selbst wenn ich mich zurückhielt und klein machte, um nur ja keine Eifersucht zu erzeugen. Von da an machte ich mich immer kleiner, bis es ganz selbstverständlich war. Ich wollte gemocht werden. Ich wollte Frieden und hatte oft Angst, für andere eine Bedrohung zu sein, besonders weil ich diese kraftvolle ungestüme Energie in mir spürte. Jetzt, in der Sonne Spaniens fühlte ich auf einmal, dass genug Raum, Liebe und Fülle für alle da war. Ich erfuhr genau das, was mir die geistige Welt schon oft erzählt hatte. Mir wurde bewusst, dass es weder Hochstapelei noch ein Egospiel ist, das zu leben, was ich bin, egal was andere Menschen davon halten. Ich erkannte, dass es gerade das „Ego" ist, das mir vorspielt, ich sei zu klein und ohnmächtig, das alles bezweifelt und mir scheinbare Sicherheit geben will. Es wurde mir bewusst, dass das genauso Egospiele sind wie jene, die ich offensichtlich als solche erkannt hatte und vermied. Es wurde offensichtlich, dass das sich Verstecken und bedeckt Halten nur die eine Seite der Medaille ist, auf deren anderer Seite Selbstüberschätzung und Arroganz zu finden sind. Etwas begriff, dass es nicht darum ging, zu klein oder zu groß zu sein, sondern darum, selbstverständlich seinen Dienst zu tun. Ich sollte einfach nur das tun, was ich tun sollte und was sowieso nicht in meiner Macht stand. Es ging darum, die Aufgabe anzunehmen, die für dieses Leben vorgesehen ist, sie einfach geschehen zu lassen.

Es war keineswegs so, dass ich nicht um meine Aufgabe wusste. Trotzdem boykottierte etwas in mir. Ich wusste schon seit einiger Zeit, dass etwas wartete. Ich wollte die scheinbar sichere Welt nicht verlassen. Und doch geschah genau das Schritt für Schritt. Meine Tendenz, mich klein zu machen, war einfach nur Angst. Ich konnte das nicht mehr ernst nehmen und als Bescheidenheit ansehen. Von diesem Aspekt hatte ich mir lange genug vorgaukeln lassen, wie wichtig es sei, bescheiden und nicht egoistisch zu sein. Lang genug hatte ich geglaubt, nicht groß genug und nicht würdig zu sein, ein Leben in Fülle zu leben. Das war keine wahre Freiheit. Nur falsch verstandene Spiritualität.

Ein Jahr zuvor hatte ich mich bewusst entschieden, sämtlichen Schatten zu begegnen, jegliche Angst zu durchschreiten und alle menschlichen Verstrickungen dem Göttlichen hinzugeben, wenn es so sein sollte. Das wurde erst jetzt deutlich spürbar. Erst jetzt war die Bereitschaft da, die Konsequenzen dieser Entscheidung zu tragen. Dieser konzentrierte, intensive und höchst befreiende Urlaub endete mit dem Entschluss, das Leben ganz anzunehmen und mich in Zukunft nicht mehr klein zu machen.

Die Spiele, die um dieses Thema kreisten, waren natürlich nicht von einem auf den anderen Tag völlig beendet. Aber sie hatten nicht mehr die gleiche Kraft. Ich war Guido sehr dankbar. Mit wenigen Sätzen hatte er Verstrickungen durchtrennt und mich mit meiner Kraft in Verbindung gebracht. Das war notwendig gewesen und es war genau zum richtigen Zeitpunkt gekommen. Unterstützt durch die Fastenkur schienen die Muster des Kleinseins alle meine Zellen zu verlassen – und plötzlich war deutlich spürbar, dass eine Veränderung stattgefunden hatte. Wie Filmausschnitte sah ich Bilder meines zukünftigen Lebens, die ich mir früher nicht einmal hätte vorstellen können. Und plötzlich wurde mir klar, dass mein Manuskript bald einen Verlag finden würde. Der Anteil der einst bremsend gewirkt hatte, bekam keine Macht mehr.

Es war gut, dass ich nicht sofort einen Verlag gefunden hatte. Die Zeit, in der mein Manuskript nur auf Ablehnung gestoßen war, die Zeit, in der ich gezweifelt hatte, um dann doch immer wieder neuen Mut zu fassen, die Zeit, in der ich erkannte, dass ich mir die Beschränkungen selbst auferlegt hatte, war so wichtig gewesen. Das sollte scheinbar erfahren werden, bevor die Veröffentlichung des Buches möglich wurde. Ich musste alles geben. Jetzt stand ich vor der größten Herausforderung, mein Manuskript nicht nur zu verschicken, sondern persönlich Kontakt mit den Verlegern aufzunehmen. Das hätte ich früher niemals gewagt. Doch jetzt wurde es gefordert. Durch vielerlei Zeichen wurde offensichtlich, dass ich zu dieser Buchmesse fahren sollte.

Guido begleitete mich, gab mir Unterstützung und Mut. Als ich schließlich in der so genannten „Esomeile" stand, jenem Gang in einer der Hallen, in dem die Esoterik-Verlage ihre Stände hatten, sprach ich mit „Gott' und der geistigen Welt: „Ich bin hierher gekommen und habe alles mir Mögliche versucht. Ich weiß nicht weiter. Ich werde mich von nichts „Persönlichem" leiten lassen, nicht davon, welcher Verlag mir gefällt und welcher nicht. Ich werde mich ungeachtet meiner Vorstellungen führen lassen, wohin ich gehen soll." Ich ging also mit Guido an den Verlagsständen entlang. An zwei Ständen spürte ich ganz klare Impulse. Ich sammelte mich und ging zu einem davon. Die Verlegerin war gerade im Gespräch. Die Stühle waren besetzt. Ich ging weiter, weil ich nicht stören wollte. Wir machten eine kleine Pause. Dann startete ich einen neuen Versuch. Wieder war die Verlegerin im Gespräch. Die Situation machte alles andere als einen einladenden Eindruck. Normalerweise wäre ich weggegangen. Wieder machte ich eine Pause. Ich sagte Guido, dass das jetzt mein dritter und letzter Anlauf sei. Ein viertes Mal würde es nicht geben. Ich ging also ein letztes Mal. Die Verlegerin war endlich allein. Ich bat sie um ein kurzes Gespräch. Sie antwortete, dass sie keine Zeit und gleich eine weitere Besprechung habe. Ich versicherte ihr, dass ich sie nur kurz sprechen wolle, um ihr ein Manuskript vorzustellen. Sie sagte: „Okay, aber nur kurz". Ich ließ mich nicht beirren und erzählte. Etwas Interesse schien sich zu regen. Dann war das Gespräch beendet. Ich gab ihr das Manuskript. Alles halb so schlimm. Sie hatte letztendlich wirklich Interesse – zumindest an einem Teil des Manuskriptes. Daraus erwuchs eine gute Zusammenarbeit. Ich sollte lernen, mich über meine Angst vor Zurückweisung hinwegzusetzen und einfach zu sein. Es ging darum, in meiner Kraft zu sein, unabhängig davon, wie sich ein anderer verhielt und wie sein Verhalten von mir interpretiert und empfunden wurde.

Glücklicherweise erforderte es eineinhalb Jahre, diesen Verlag zu finden, eineinhalb Jahre des intensiven Wachstums. Vollkommen, auch wenn oder gerade weil ich manchmal nicht mehr wusste, was ich noch tun sollte. Es wurde verlangt, den Kritiker, das kleine Ego zu überwinden und dem größeren Ganzen zu vertrauen. Es wurde verlangt zu erkennen, dass die Angst vor Zurückweisung nur meine Projektion war. Ich wusste plötzlich, dass ich immer weiter gehen würde, egal wie viele Menschen mich doof fänden. Ich wusste, dass ich den Weg gehen würde, den ich gehen sollte, was immer auch geschah. Es gab kein Zurück mehr. Ich spürte auch hier das Unsterbliche. Egal, wie viele Zweifel, wie viel Angst ich erlebe, egal, wie viele Menschen mich anzweifeln und kritisieren, es gibt etwas, das nicht bezweifelt und kritisiert werden kann. Es gibt etwas, das alles übersteht. Das Unendliche ist immer.

Mir konnte nichts geschehen. Ich war bereit alles anzunehmen, was unendliches Bewusstsein durch meinen Körper geschehen lassen wollte. Selbst wenn das alles sprengen würde, was ich jemals von mir gedacht, erwartet und mir vorgestellt habe. Vieles, was ich nie für möglich gehalten hatte, geschieht. Vieles, was ich nie erdacht und niemals mit mir in Zusammenhang gebracht hätte, geschieht. Die ganze Größe, die Vollkommenheit, die sich entfalten wollte, wird plötzlich willkommen geheißen.

Es gab zwei Träume, in denen ich vor Hunderten von Menschen sprach. Ich wusste nicht, was ich erzählen sollte, aber es war klar, dass ich sprechen sollte. Und ich sprach. Heute macht mir die Vorstellung, vor Hunderten von Menschen zu sprechen, ob sie mir gut oder schlecht gesonnen sind, keine Angst mehr. Früher hatte ich schon Angst, einen kleinen Vortrag vor zwanzig Mitschülern zu halten. Ich habe lieber die Schule geschwänzt und nach Ausreden gesucht, als mich dem auszusetzen. Vor meinem ersten öffentlichen Vortrag, den ich mit Mitte zwanzig über Aura Soma hielt, war ich so nervös, dass ich ihn am liebsten abgesagt hätte. Ich sagte mir: „Du musst verrückt sein. Warum tust du dir so etwas an? Einen Vortrag zu halten, wo es doch kaum etwas Schlimmeres für dich gibt." Dennoch wusste ich, dass ich mich dem stellen musste. Ich hielt diesen Vortrag, sprach völlig frei. Es ging erstaunlich gut. Auch daran bin ich gewachsen.

Immer wieder Angst und Lampenfieber. Immer wieder Durchschreiten von Türen in neue Welten. Mit jeder Grenze, die ich überschritt, eröffnete sich etwas Neues. Mit jeder Grenze, die ich überschritt, wurden auch meine Vorstellungen über mich gesprengt.

Jetzt geschieht, was geschehen soll. Kein Widerstand. Wenn ich vor Hunderten von Menschen sprechen soll, dann ist es das, was geschieht. Da ist Vertrauen, Selbstverständlichkeit, Hingabe. Da ist die Gewissheit, dass es nicht um die scheinbare Person Barbara geht, die etwas gut oder schlecht, falsch oder richtig macht. Es ist nur das, was durch diesen Körper geschieht. Und das ist vollkommen. Es wäre auch vollkommen, wenn ich das Leben für immer schweigend im Kloster verbringen würde. Es sieht zwar nicht danach aus, aber wer weiß das schon?

Die Anhaftung an Vorstellungen davon, wie ich war, wie ich sein sollte, wie das Leben auszusehen hatte, hielt mich gefangen. Es galt, die selbst erschaffenen und einschränkenden Bilder über mich und das Leben wahrzunehmen und zu durchschreiten. Kennst du das, dass du lieber in etwas Vertrautem und Bekanntem verweilst, obwohl es Schmerz erzeugt, als dich in die Freiheit fallen zu lassen, in das, was ist? Sind dir deine vertrauten Vorstellungen über dich und das Leben manchmal wichtiger als die Freiheit?

Im unendlichen Gewahrsein, jetzt, wird deutlich, wie viel Angst wir Menschen vor der unendlichen Freiheit des Seins haben. Es scheint, als habe die Menschheit unsagbare Lust an Brutalität und Leid, und das, obwohl sich wohl die meisten Menschen wünschen, frei und in wahrem Frieden zu sein. Doch tagtäglich wird auch an den kleinen Dingen des Lebens deutlich, wie viel lieber am Leiden festgehalten wird, als sich dem Einen Sein hinzugeben und wahrhaft frei zu sein. Die wahre Freiheit, die Unendlichkeit wird oft bekämpft. Sie wird gleichzeitig ersehnt und verteufelt. Wir halten an unseren Problemen fest und identifizieren uns damit, weil wir scheinbar leiden wollen. Tagtäglich sehe ich, wie sich Menschen durch Anhaftung an Mustern und Glaubenssätzen im Leid gefangen halten. Alles, was Freiheit, Liebe und Unendlichkeit sichtbar werden lässt, wird vehement zurückgewiesen. Der Glaube an Mangel, an Unvollkommenheit, an Glück und Unglück und an Leid ist so tief verwurzelt. So viel Schmerz, weil wir glauben nicht gut genug zu sein oder zu gut. So viel Schmerz, weil wir glauben, schlauer, weniger egoistisch, attraktiver, nicht so langweilig, stärker und aktiver sein zu müssen. Was erschaffst du damit anderes als Leid? Kannst du den Schmerz spüren, den du erschaffst? Ist er dir so vertraut, dass du ihn manchmal nicht einmal bemerkst? Es gibt so viele Aspekte des Leidens, die kaum erkennbar sind. Wenn ich zurückblicke, sehe ich einige Situationen, in denen ich lieber in Schmerz und Leid verweilte, als mich in die Ungewissheit der Freiheit zu begeben. Das geschah oft unbewusst.

Wo leidest du? Wo erzeugst du immer wieder Schmerz, weil du dich sträubst der Unendlichkeit des Seins zu vertrauen und dich göttlichem Sein, der Liebe hinzugeben? In meinem Leben schien das seinen Sinn und seine Berechtigung gehabt zu haben. Es ist nichts nur schlecht. Das Leid ist genauso ein Lehrer wie die Angst. Es kann eine Art Erdung oder Verankerung sein. Das sind nur Spekulationen. Erkenne deine eigene Lust am Leiden. Erkenne, auf welche Weise du bewusst das Leiden wählst. Vielleicht ist es bei anderen leichter zu erkennen. Vielleicht konntest du bei anderen Menschen eine tiefe Lust, ein Festhalten am Leiden beobachten? Konntest du dabei auch sehen, wie nah die Freiheit ist? Konntest du erkennen, wie sehr Menschen sie zu wollen betonen, und doch die Lust am Leiden wählen? Das Leiden ist meistens keine bewusste Wahl. Es ist so sehr in vielen Kleinigkeiten verankert, dass es fast das ganze Leben durchzieht. Ich frage dich: „Was hält dich in Schmerz und Leid?" Ich frage dich: „Was willst du?" Ich frage dich, ob du dich – jetzt, dem Einen Sein, dem Göttlichen hingeben willst, auch wenn du Angst hast, ins Nichts zu fallen? Es gilt, dem zu vertrauen, was geschehen will. Es gilt, nichts zu erzwingen. Es findet so oder so seinen Weg.

Als ich den Namen Stumpe-Vödisch wählte, wählte ich bewusst die Verstrickung, weil die Zeit der Erkenntnis, des Gewahrseins unendlicher Freiheit noch nicht gekommen war. Erfahrungen sollten noch gemacht, Erkenntnisse noch gewonnen werden. Vielleicht musste auch erst mein Vater sterben. Ich weiß es nicht. Die Änderung meines Namens ergab sich kurz nach dem Tod meines Vaters. Ich hatte das Gefühl, dass es da einen Zusammenhang gab. Es war, als hätte „er" mir aus der geistigen Welt Unterstützung geben wollen für meinen Schritt in die letztendliche Freiheit. Wer weiß das schon?

Auf der Ebene der Geschehnisse scheint alles seine Zeit zu haben. Da ist etwas, eine Vollkommenheit, der es die Angst, die Gefühle und Gedanken hinzugeben gilt. Ich frage dich, was du willst? Es geht nicht darum, eine Veränderung zu erzwingen oder etwas zu bezwecken. Ich frage dich, um dich vielleicht daran zu erinnern, dass du die Suche ebenso beenden kannst wie das Leiden – jetzt. Erkenne die Vollkommenheit dieses Augenblicks. Gib dich dem hin, was ist, in diesem Moment.

Ich frage dich auch, wem gegenüber du dich verpflichtet fühlst, am Leiden zu haften. Wen oder was glaubst du zu verraten, wenn du nicht mehr leidest? Wen glaubst du zu enttäuschen? Ich frage dich, was dich daran hindert, dein Leiden und deine Suche zu beenden, jetzt, in diesem Moment. Und ist das, was dich hindert, wirklich von Bedeutung? Oder ist es vielmehr die Angst, deine Identifizierung als getrennte Person aufzugeben? Das wird geschehen. Und dennoch lebst du so frei wie nie zuvor, ein Leben voller Liebe, voller Frieden.

Leid, wie groß ist die Lust der Menschheit, in dir gefangen zu sein. Wie groß ist die Sehnsucht, dir zu entfliehen. Leid, wie vertraut, wie verbindend und erdend du zu sein scheinst. Wie viele Illusionen, die durch dich erkannt werden wollen. Leid, du grauer Schleier. Du hast uns gedient, damit wir uns als unendliches Bewusstsein jenseits des Leidens, jenseits der Illusionen erkennen können.

Wie sehr schreien wir Menschen nach Liebe und wahrer Freiheit. Und was tun wir nicht alles, um genau das zu verhindern. Was tun wir nicht alles, um uns und der Welt zum Vorwurf zu machen, dass wir leiden. Siehst du die Lust zu leiden, und die Verzweiflung darüber? Siehst du die Perspektive des Leidens? Wir haben ja gesagt zum Leiden. Es sind die tief verwurzelten Ängste vor der letztendlichen Freiheit, die uns lieber Leid erfahren lassen, als die Liebe, das Eine Sein überall zu erkennen. Wir ziehen das Leid der Möglichkeit vor, die Vollkommenheit zu erkennen. Wir ziehen es vor, verstrickt zu sein und unter unserer Unwissenheit zu leiden. Das ist, wie es ist. Es erfüllt seinen Zweck. Auch in meiner Geschichte hatte es seine Berechtigung. Auch die Lust am Leiden ist vollkommen.

Doch jetzt ist die Zeit gekommen, den Glauben an eine Illusion zu beenden und die Lust zu leiden der Unendlichkeit hinzugeben. Das mag plötzlich geschehen oder Schritt für Schritt. Nichts, das es zu erzwingen gilt. Da ist Liebe in den Verstrickungen und für die Verstrickungen. Da ist nur Vollkommenheit. Genauso vollkommen ist es, dass die Suche jetzt beendet ist. Leid löst sich auf in der Vollkommenheit des Seins. Leid endet, wenn du einfach bist – jetzt.

Unsere Angst

Unsere tiefste Angst ist nicht, dass wir der Sache
nicht gewachsen sind.
Unsere tiefste Angst ist, dass wir unermesslich
mächtig sind.
Es ist unser Licht, das wir fürchten,
nicht unsere Dunkelheit.
Wir fragen uns:
„Wer bin ich denn eigentlich, dass ich leuchtend,
hinreißend, begnadet und phantastisch sein darf?"

Wer bist du denn, dass du das nicht sein darfst?
Du bist ein Kind Gottes.
Wenn du dich klein machst, dient das der Welt nicht.
Es hat nichts mit Erleuchtung zu tun,
wenn du dich einkringelst,
damit andere um dich herum sich
nicht verunsichert fühlen.
Du wurdest geboren, um die Ehre Gottes
zu verwirklichen, die in uns ist.
Sie ist nicht nur in einigen von uns – sie ist
in jedem Menschen.
Und wenn wir unser Licht erstrahlen lassen,
geben wir unbewusst den anderen Menschen
die Erlaubnis, dasselbe zu tun.
Wenn wir uns von unserer Angst befreit haben,
wird unsere Gegenwart ohne unser Zutun
andere befreien.

Nelson Mandela

Der Tod des Ich

Seit meiner Kindheit gab es die starke Sehnsucht nach Frieden, nach Auflösung und unendlichem Geborgensein. Aber auch die Angst davor. Ich machte also viele Anstrengungen, um meine Identifizierungen zu füttern, um besonders gut und anerkannt zu sein. So viele Anstrengungen und so viele Fragen: „Wie bekomme ich, was ich will? Wie bekomme ich genug Beachtung und Wertschätzung? Wie kann man mich mögen? Wie werde ich als etwas Besonderes anerkannt? Wie kann ich vermeiden, dass ich verletzt werde? Wie kann ich perfekt sein? Wie erreiche ich, dass mich alle Menschen lieben?" Diese Bemühungen haben viel Leid gebracht, aber auch Freude und Glück. Und doch war es nicht das, wonach ich wahrhaft suchte. Ich suchte nach dem Einen Sein, nach unendlicher Liebe, nach der Ewigkeit. Trotz aller Anstrengungen war es mir nicht möglich, aus der identifizierten Person etwas Unsterbliches, Unverletzbares zu machen. Diese Person könnte noch Millionen Jahre lang versuchen, sich zu vervollständigen und nie zum Ende kommen. Der Unendlichkeit so begegnen zu wollen, war vergebliche Liebesmüh. Es galt, dem Tod der identifizierten Person in die Augen zu schauen.

Ich hatte oft Angst, mich zu verlieren. Auf unterschiedliche Art und Weise kam ich immer wieder mit dieser Angst in Berührung. Besonders in der sexuellen Vereinigung tauchte immer wieder das Bild auf, in Tausende von Stücken zu zerfallen und „mich" nicht wieder zu finden im Meer der Unendlichkeit. Genauso sehr, wie ich mir die Verschmelzung, die Auflösung wünschte, hatte ich Angst davor. Ich weinte manchmal, weil ich Angst hatte, Unendlichkeit und Auflösung zu erfahren, obwohl ich mich genau danach sehnte. Es gab auch viele Erfahrungen der Ekstase, der Glückseligkeit in Berührung mit der Unendlichkeit. Doch letztendlich blieb immer die Angst, mich gänzlich in sie fallen zu lassen. Es schien zu gefährlich zu sein.

Mit neunzehn Jahren machte ich eine Erfahrung der Auflösung. Nachdem ich intensiv getanzt hatte, waren meine Hände und Arme plötzlich nur noch Licht und Energie. Die Konturen des Körpers waren nicht mehr wahrnehmbar, besonders die Hände und Arme schienen völlig aufgelöst. Dennoch war da ein Bewusstsein, dass dies meine Hände und Arme sein mussten. Es gab Bewusstsein in Verbindung mit diesem Körper. Glückseligkeit und Ekstase gingen damit einher. Da gab es einerseits Faszination und Vertrauen, andererseits aber auch die Angst, die Kontrolle über dieses Geschehen verloren zu haben. Ich versuchte immer wieder Konturen wahrzunehmen. Doch da war nur dieses Licht, Ekstase und Frieden, ohne Anfang und ohne Ende.

Zu dieser Zeit hatte ich mich noch nicht mit Spiritualität beschäftigt. Es war nur eine intensive, überwältigende Erfahrung – geschehen und damit auch wieder beendet. Im freien Tanz konnte ich immer Frieden finden und die Unendlichkeit berühren, selbst in den Jahren der Verzweiflung. Tanzen war oft die einzige Möglichkeit, die Gedanken zur Ruhe zu bringen. Hier war es, als stünde die Zeit still. Da war Dankbarkeit für die Momente der Freiheit und des Friedens im Tanz. Das Tanzen war oft eine stabile, selbstverständliche und vertraute Brücke in die Unendlichkeit. Noch heute ist es eine Gnade im Tanz zu sein. Ekstase, Freude und Sein im Tanz, Kanal von Energien im Tanz – ohne Worte, ohne zu wissen, was geschieht. Der Tanz ist eine große Liebe dieses Körpers und eine wundervolle Hilfe, um das zu erkennen und dessen gewahr zu sein, was jenseits der Worte liegt.

Eine weitere intensive Erfahrung der Auflösung ergab sich, als zum ersten Mal Botschaften aus der geistigen Welt durch mich übermittelt wurden. Ich war so tief in unendliche Liebe eingetaucht und mein Körper war so stark von der „gechannelten Energie" eingenommen, dass es schwierig schien, in diesen Körper zurückzukommen. Es gab stille Ekstase und unendliche Weite und dann die Angst, nicht in den Körper zurückzufinden. Es gab Menschen, die mich zurückholten, indem sie mir die Füße hielten. Wenn ich Botschaften aus der geistigen Welt übermittelte, war es mir anfangs immer wichtig, dass Guido als „Sicherheitsfaktor" anwesend war. Da war immer noch die Angst, mich nicht wieder zu finden. In der Anfangszeit gab es vor Beginn der Übermittlungen ein längeres Erdungsritual und eine energetische Umstellung, und die Übermittlungen selbst hatten einen sicheren konkreten Ablauf. Die Fähigkeit, ganz selbstverständlich einfach zu sein, war noch nicht da. Die Zeit für ein vollständiges Gewahrsein des Nichts, der Unendlichkeit war noch nicht gekommen.

Jetzt gibt es keine Trennung mehr zwischen den feinstofflichen und den grobstofflichen Welten. Es gibt keine Angst mehr vor der Auflösung. Es gibt nichts mehr, was verloren und nicht wieder gefunden werden könnte. Die Angst, nicht mehr in den Körper zurückzufinden, ist verschwunden, weil es niemanden mehr gibt, der an den Gedanken und Gefühlen dieses Körpers haftet, und niemanden, der innerhalb oder außerhalb eines Körpers ist. Den gab es in Wahrheit auch nie. Es gibt keine Trennung mehr zwischen der irdischen und der nicht irdischen Welt. Es gibt keine Trennung mehr zwischen Ekstase und Nicht-Ekstase, zwischen Form und Formlos. Nur unendliches Bewusstsein. Auch die überwältigenden Auflösungserfahrungen, die ich früher hatte, gibt es nicht mehr. Jetzt ist alles dauerhaft, still, unspektakulär und ganz selbstverständlich.

Dennoch gibt es Bewusstsein, das in Verbindung mit diesem Körper, seinen Gedanken und Gefühlen ist. Es gibt keine Angst mehr, eine Identität zu verlieren. Es gibt niemanden mehr, der verloren gehen könnte. Was verloren gehen konnte, ist bereits verloren gegangen. Da ist nur noch Freiheit und Unendlichkeit. Meine Angst, verrückt zu werden und mich im Leben nicht mehr zurechtzufinden, scheint im Rückblick unbegründet gewesen zu sein.

Nichts dergleichen geschah. Je mehr ich das Leben liebte, desto mehr ergab sich die Auflösung der Identifikationen. Und nach der Auflösung der Identifikationen konnte das Leben so intensiv und bewusst gelebt werden wie nie zuvor.

Es war vollkommen, wie es war. Damals war es nicht möglich weiterzugehen. Es war wohl erst notwendig, fest mit den Füßen auf dem Boden zu stehen. In dem Maße, in dem ich mitten im Leben stand, wurde die Begegnung mit der Unendlichkeit möglich. Dann war ich aber auch wieder in der Identifizierung. Es gab sanfte und plötzliche Übergänge von der Identifizierung in das unendliche Gewahrsein. Immer mehr wurde mir bewusst, wie ich selbst zu wählen schien, wieder in die Identifizierung zu gehen.

Ich fiel also nicht plötzlich unvorbereitet, verängstigt und ohne Orientierung ins Nichts. Es gab so viele Vorbereitungen. Ein sicheres Netz. Vollkommene Geschehnisse. Immer geführt. Und eines Tages fand Erwachen statt, ganz selbstverständlich und doch überraschend. Da war plötzlich keine Angst mehr vor der Auflösung, keine Angst mehr vor dem Nichts. Selbstverständlichkeit, Natürlichkeit.

Vielleicht fragst du dich, was wahr ist und was nicht. Vielleicht hast du Angst. Vielleicht ist dein Weg sanft, vielleicht ist er turbulent. All das vergeht. Die Essenz, das, was du bist, ist – zu jeder Zeit. Es war und ist immer, jenseits von Zeit und Raum.

Die Leere, das Nichts, die Unendlichkeit, ohne Anfang, ohne Ende, ist unsere wahre Essenz, unser wahres Zuhause. Nichts existiert dort wirklich. Alles ist enthalten, nichts ist erkennbar. Da ist unendliche Stille, unendlicher Friede. Das Nichts macht Menschen Angst. Es gibt die Angst, dass das Leben langweilig sein könnte, die Angst verrückt zu werden, jeglichen Bezug zum Körper, zum Leben zu verlieren. Die Angst frei zu sein. Die Angst, das Leiden zu verlieren. Die Angst vor dem Tod, vor dem Sterben des „Ego", vor dem Tod der Identifizierungen. Letztendlich weißt du, dass weder deine Person noch deine Identifizierungen wirklich Bestand haben. Sie lösen sich auf im Nichts der Unendlichkeit. Doch gerade aus diesem Grund ist die Angst groß, all dies zu verlieren. Denn in der Tiefe unseres Seins sind wir uns bewusst, dass alles vergänglich ist. Das, woran wir uns festhalten und was für uns Realität ist, ist nicht von Dauer. Und um so mehr halten wir daran fest. Um so mehr versuchen wir, es unter Kontrolle zu halten. Gedanken, Gefühle und Identifizierungen werden geboren und sterben. Doch alles, was auf die Vergänglichkeit der Gedanken, der Gefühle und des Körpers hinweist, versuchen unsere Identifizierungen auszumerzen. Denn die Bedrohung durch die Vergänglichkeit, durch den Tod scheint so groß. Glaubst du nicht auch, dass das, was wirklich Bestand hat und ewig ist, nicht so kämpfen und so viel Angst haben müsste verloren zu gehen? Du weißt, dass dein Körper sterben wird. Du weißt, dass Beziehungen genauso wenig festzuhalten sind wie Gefühle des Glücks. Alles kommt und geht. Ein ewiges Geborenwerden und Sterben. Das ganze menschliche Leben ist ein Wandel. Kein Moment ist wie der andere. Doch all unsere Kraft ist mehr oder weniger darauf ausgerichtet, diese Tatsache zu leugnen. Immer wieder wehren wir uns dagegen, dass unser Körper vergänglich ist. Wir nähren die Illusion, dass die Geschichten, mit denen wir uns identifizieren, wirklich wahr, unsterblich und unvergänglich sind. In einem einzigen Moment, jetzt, kannst du erkennen, dass nichts von dem wirklich wahr ist. Dein Gedanke ist nur ein Gedanke. Eine Situation ist nur eine Situation. Ein anderer Mensch sieht dieselbe Situation aus einem ganz anderen Blickwinkel. Auch was du in diesem Moment für wahr hältst, kann im nächsten Moment schon wieder ganz anders sein.

Das ist die Welt der Erscheinungen. Es gibt nichts gegen Erscheinungen einzuwenden. Erscheinungen sind Erscheinungen. Und das ist alles, was sie sind. Sie bedrohen das, was du in Wahrheit bist, nicht. Nur die identifizierte Person mit ihren Geschichten und ihren Vorstellungen über das Leben fühlt sich vom Ewigen bedroht. Sie fühlt sich bedroht von der Unendlichkeit, in der sich die Identifizierungen auflösen. Wir wissen in der Tiefe, dass all die Erscheinungen nicht wirklich von Bedeutung sind. Sie sind nur insofern von Bedeutung, als sie Bestandteil des menschlichen

Lebens sind. Es geht nicht darum, die Erscheinungen, Gedanken und Gefühle zu verteufeln. Es geht nicht darum, menschliche Erscheinungen abzulehnen und als hinderlich zu bewerten. Erscheinungen bilden das bunte Spiel des Lebens auf der Erde. Du kannst all diese Spiele spielen, ohne den Frieden, die Unendlichkeit zu verlassen. Erscheinungen sind wunderbar. Sie sind Unterhaltung, bunte Farbenpracht und Vielfalt. Sie sind der Anbeginn und das Ende von Zeit – Ausdruck des Einen Seins, der Quelle. Die Quelle liegt in und jenseits all dieser Erscheinungen. Wenn du einfach nur bist und dich nicht mehr mit deinen Geschichten und Vorstellungen, mit deinem Körper und deinem Namen identifizierst, dann ist es ein wunderbares Spiel in unendlicher Freiheit. Ein Spiel, das sich selbst spielt.

Ist es nicht verrückt, dass wir Menschen so sehr versuchen, aus dem Vergänglichen etwas Ewiges, Beständiges und einzig Richtiges zu machen? Das ist absurd und letztendlich nur Unwissenheit und Gefangensein in einer Illusion. So viel Angst, die Illusion zu erkennen. So viel verzweifeltes Festhalten am Vergänglichen, an der Erscheinung. Rinnt dir nicht immer wieder gerade das aus den Händen, was du für wahr gehalten hast und dem du ewiges Leben einflößen wolltest? Du hast keine Kontrolle über Leben und Tod und über das, was geschieht. Da kannst du dich noch so sehr bemühen. Du wirst dem Tod nicht ausweichen können. Wenn du die kleineren und größeren menschlichen Tode geschehen lässt, entdeckst du etwas, das unsterblich ist. Du erkennst das, was weder von Leben und Tod noch von den Geschichten der Vergangenheit und der Zukunft berührt wird. Jetzt, in diesem Moment jenseits der Zeit.

Wenn du bereit bist, der ursprünglichsten Angst zu begegnen, der Angst vor dem Tod deiner Identifizierungen, kann dir die Gnade zuteil werden, der Unendlichkeit gewahr zu sein. Die Angst vor dem Tod unserer Vorstellungen über uns als „jemand", als eine Person ist groß. Doch letztendlich weißt du, dass all die Geschichten nicht von Bedeutung sind. Etwas in dir erinnert sich an die Unsterblichkeit, an das, was niemals kommt und niemals geht.

Wie sonst könntest du nach unendlichem Sein suchen? Wie sonst könntest du dich nach dem Einen Sein sehnen, nach der Stille, nach dem Frieden? Wie sonst könnte die Angst vor der Auflösung deines Ich als einzelne getrennte Person so groß sein? Warum sonst versuchst du schon seit ewigen Zeiten nichts anderes, als das Ewige, das Eine Sein jenseits deiner Identifizierungen zu verleugnen?

Was ist mit deiner Angst vor der Auflösung? Was ist mit deiner Angst, deine Gedanken, deine Vorstellungen über das, was du bist, sterben zu lassen? Was ist mit der Angst, verrückt zu werden und dich in der Welt nicht mehr zurechtzufinden? Was ist vielleicht auch mit deiner Angst vor Langeweile? Im Gewahrsein der Unendlichkeit bekommt dein Körper Impulse, das Leben zu leben. Das heißt nicht unbedingt, der Welt entrückt still zu sitzen und nichts mehr zu tun. Göttliches Sein drückt sich auch durch deinen Körper aus. Es gibt Impulse, die umgesetzt werden, Arbeit, die getan wird, Beziehungen, die gelebt werden. Im Meer der Unendlichkeit, in der Stille des unendlichen Friedens löst sich auch Langeweile auf. Vollkommener Friede. Nichts, was es wirklich zu wünschen gibt, obwohl auch Wünsche da sein können. Im Gewahrsein der Unendlichkeit, des Nichts geht das Leben weiter. Du hörst weiterhin auf deinen Namen, auch Gedanken und Gefühle können auftauchen. Du lebst mit einem Mann oder einer Frau, vielleicht mit Kindern oder allein und gehst deiner Arbeit nach. Du glaubst allerdings nicht, dass all dies für deine Glückseligkeit, für deinen Frieden verantwortlich ist. Niemand mehr, der an all dem haftet. Nichts muss sich in deiner äußeren Welt verändern, obwohl Veränderungen stattfinden können. Verhaltensweisen und Gedanken, die im Körper „gespeichert" sind, müssen sich nicht unbedingt verändern. Das verschwindet nicht alles. Es ist die Form, die Art und Weise, wie sich unendliches Sein durch den Körper, das Leben und seine Geschichten ausdrückt. Gewahrsein, dass es in Wahrheit kein „Ich" gibt, keine einzelne getrennte Person, die dein Leben unter Kontrolle hat. Gewahrsein der Essenz in allem. – Nicht mehr und nicht weniger. Das Leben lebt sich freier und bewusster als je zu vor. Es wird angenommen, was ist, was immer für diesen Körper vorgesehen ist, um die Illusion dieses Lebens zu erfüllen.

Im unendlichen Gewahrsein muss weder etwas Spektakuläres geschehen, noch muss sich Langeweile ausbreiten. Dein Leben kann weitergehen wie bisher. Nur die „Perspektive" hat sich verändert. Die „Perspektive" ist der tiefe innere Friede in der Stille des Seins. In der Stille des Seins lebt sich einfach das Leben. Vertraue, um die Grenzen des Vorstellbaren und deiner Erfahrungen hinter dir zu lassen. Vertraue, um dich ins Nichts, in die Unendlichkeit fallen zu lassen. Begegne dem Tod deiner Vorstellungen und Erwartungen. Begegne dem Ende deiner Kontrolle, dem Ende aller scheinbaren Sicherheiten. Lass dich nicht aufhalten durch die Angst vor Verwirrung und Auflösung. Geh in diese Angst hinein. Sei bereit sie zu erfahren. Folge deiner Sehnsucht. Gib dich dem hin, was jenseits deiner Erfahrungen und Sicherheiten liegt. Geh weiter, als du jemals gegangen bist. Erkenne das, was hinter all dem liegt, was du bisher erfassen konntest, die wahre Essenz, unendliches Sein.

Wenn du in der Angst verhaftet bleibst, ist auch das vollkommen. Du kannst nichts falsch machen. Du kannst nichts verfehlen, wenn du nicht den Mut hast, die dir gesetzten Grenzen zu übertreten. Es gibt nichts zu erreichen. Du bist bereits göttliches Sein. Das, was du bist, ist immer vollkommen. Keine Angst, das Ziel zu verfehlen. Letztendlich gibt es kein Ziel. Es ist, was ist. Bist du bereit, dem Nichts, der Leere zu begegnen? Bist du bereit anzunehmen, was ist, und nicht mehr dagegen zu kämpfen? Bist du bereit, noch nicht einmal gegen das Kämpfen zu kämpfen? Bist du bereit, das sterben zu lassen, womit du dich identifizierst?

Begegne deiner Angst. Sie wird dich in die Tiefen deines wahren Selbst führen. Begegne der Angst davor, dass all die Erwartungen, wie du und die Menschen sein sollen, sterben. Was, wenn alles nur gleichermaßen unendliches Sein, Bewusstsein ist? In Wahrheit kann dir nichts passieren, auch wenn das, womit du dich identifizierst, große Angst vor der Auflösung hat. Du wirst nicht völlig verwirrt durch die Gegend laufen. Das ist jedenfalls nicht das, was mir geschah. Körperfunktionen, Gefühle und Gedanken, Aufgaben und die Fähigkeit sie zu bewältigen, sind bei mir nicht verschwunden. Gedanken und Gefühle sind deutlich weniger und stiller geworden. Stille und Frieden ist. Es geht weiter wie bisher, ohne Identifikation, im Gewahrsein der Stille. Nur Sein.

Was ist mit deinem Mut, die mögliche Verwirrung und die Unsicherheit zuzulassen? Was ist mit deinem Mut, der Angst vor der Auflösung deiner Identifizierungen zu begegnen, um das Ewige zu erkennen? Das Ewige, die Unendlichkeit, kann nicht verstanden und nicht von Gedanken erfasst werden. Die Gedanken können das Nichts nicht erkennen. Erkennen, wiedererkennen kann göttliches Sein nur sich selbst, kann wahre Essenz nur wahre Essenz. Erkennen kann nur das in dir, was tiefer ist als alle Gedanken und Vorstellungen. Wiedererkennen kann nur das, was nie vergessen hat. Das, was ist. Gedanken und Vorstellungen können unendliches Gewahrsein zu erkennen und zu erzwingen versuchen, und doch bleibt es im Verborgenen. Das, was erkennt, ist tiefer. Es ist Bewusstsein. Das scheinbare Ego will Kontrolle und Sicherheit. Es kann die Essenz niemals begreifen. Das Ewige schließt alles ein, absorbiert alle Gedanken, Gefühle und Vorstellungen, jegliches Leid, Freude und Ekstase. Alles löst sich im Nichts auf.

Es wird hier zwar immer wieder von der Auflösung gesprochen und davon, dass alles in Wahrheit nur das Eine ist. Dennoch gibt es in diesem Leben auf der Erde „getrennte" Körper. Es gibt Bewusstsein, das mit diesem Körper verbunden ist. Etwas reagiert auf den Namen Barbara. Körperlicher Schmerz, Wahrnehmungen, Gefühle und Gedanken stehen in Verbindung mit diesem Körper. Und auf dieser Ebene wird das Leben dieses Körpers gelebt und nicht das Leben eines anderen Menschen. Auf dieser Ebene gibt es Grenzen. Das ist vollkommen in Ordnung. Auf dieser Ebene gibt es einen Unterschied zwischen den Wahrnehmungen und Gefühlen deiner Körperbewusstseinsverbindung und der „meinigen". Das heißt auch, dass ich mich im Leben nicht ständig in jemand anderem und als jemand anderes wahrnehme. Es ist nur das Gewahrsein unendlicher Liebe, des „Einen" in allem. Dennoch ist Bewusstsein in der menschlichen Erscheinung mit diesem Körper verbunden. Es gibt diesen Körper. Auf dieser Ebene sage ich nicht „Du" zu jedem Menschen. Auf dieser Ebene ist nicht jeder mein Bruder oder meine Schwester. Im Gewahrsein der Unendlichkeit gibt es kein Problem, auf der menschlichen Ebene das Spiel der Trennung zu leben. Es gibt das Spiel von du und ich. Es gibt das Spiel von Gesetzen und Hierarchien. Was ist falsch daran? Es ist wunderbar, im Gewahrsein der Unendlichkeit, in Freiheit.

Es gibt auch den gesunden Impuls, Abstand zu halten und ein Nein auszusprechen. Es geht nicht darum, alles was ist, zu verändern und alles gleichzumachen. Es gilt, das Unendliche, das Ewige, das Eine hinter all den getrennten menschlichen Erscheinungen zu erkennen. Unendliches Bewusstsein bringt sich durch eine wunderbare Vielfalt menschlicher Erscheinungen zum Ausdruck.

Es gibt oft auch die Vorstellung, wenn alles nur Liebe ist, dürfe es keine Wut geben, nicht mehr den Wunsch, allein zu sein und Nein zu etwas zu sagen. Es geht nicht darum, all diese Impulse vor dem Hintergrund, dass alles eins und Liebe ist, zu einer einzigen Suppe zu verkochen. Das ist ein großes Missverständnis. Wer sagt, dass alles hingenommen und mit jedem Menschen in völligem Gleichklang gelebt werden muss? In Wahrheit ist da nur Liebe, das Nichts, die Unendlichkeit. Es ist hinter und in dem Nein. Es ist in und hinter der scheinbaren Disharmonie. Das bedeutet nicht, dass es keine Unterschiede, keine Vielfalt, keine Andersartigkeit gibt. – So vielfältige Ausdrucksformen des Einen. Es ist Bewusstsein, das mit diesem Körper in Verbindung steht. Und letztendlich ist es einfach nur Bewusstsein, das mit nichts in Verbindung steht. Es ist einfach Sein. Sein, Bewusstsein.

Es ist einfach ein Leben, das gelebt wird. Egal, was hier verstanden oder missverstanden wird. Die Wahrheit ist in dir. Es ist das, was du bist. Und das steht über allem.

Die Angst, deine Identität zu verlieren, sollte dich nicht daran hindern, das zu erkennen, was nicht bedroht und nicht zerstört werden, nicht beginnen und nicht enden kann. In der Welt, in der wir leben, scheint dies vielleicht ein ungewöhnlicher, nicht gangbarer und weit entfernter Weg zu sein. Den meisten Menschen fällt es sehr schwer, die gewohnten Gleise des Vergessens und des Identifiziertseins zu verlassen, auf denen sie sich seit Generationen, seit Anbeginn der Zeit bewegen. Es scheint schwierig, das zu verlassen, was vertraut und real zu sein scheint, um sich dem Unbekannten hinzugeben und das Unsterbliche zu erkennen. Manchmal sieht es aus, als sei die Suche nach dem Wahren die andere Seite des Unwahren. In Wirklichkeit ist sie jenseits von wahr und unwahr. Sie ist. Wahr und unwahr löst sich hier auf. Auf der dualen Ebene hat es dann vielleicht den Anschein, als sei die Welt verdreht. Hier kann die Angst auftauchen, wahnsinnig oder verrückt zu werden.

Doch jenseits dieser beiden Pole, wo es kein Wahr und Unwahr mehr gibt, nicht die richtige oder die falsche Philosophie des Lebens, hier im Sein, im Nichts der Unendlichkeit bist du sicher, bist du geborgen. Hier ist niemand, der bedroht werden, niemand, der bedrohen könnte. Im Nichts, in der Unendlichkeit sind auch alle gewohnten menschlichen Realitäten erhalten. Es geht nicht darum, eine andere scheinbare Realität zu schaffen. Es geht nicht darum, etwas zu erzwingen. Es geht nicht unbedingt darum, bestimmte Geschehnisse zu verändern und neue Regeln aufzustellen. Es geht auch nicht darum, bestehende Grenzen gewaltsam niederzureißen und gegen vorhandene Sichtweisen, Gefühle und Gedanken Amok zu laufen.

Die Freiheit der Unendlichkeit lässt dich die scheinbare menschliche Realität leben. Das Spiel wird gespielt. Nichts ist falsch an der Realität, die wir Menschen leben. Nichts ist falsch an dem, was geschieht. Was ist, ist. Nichts muss im Außen verändert werden, um die Illusion zu erkennen. Nichts muss verändert werden, um das Ich-bin, das Sein, die Stille zu leben. Illusion ist einfach nur Illusion. Du kannst in der Welt der Erscheinungen leben und das Spiel spielen, das durch deinen Körper gespielt wird. Es gibt keine richtige oder falsche Form menschlicher Erscheinungen. Das Leben wird durch deinen Körper so gespielt, wie es ist. Das Spiel wird voller Freude gespielt in dem Gewahrsein, dass Stille, Friede, Unendlichkeit in jedem Moment sind. Jetzt.

Jetzt – nur dieser Moment

Lange Zeit suchte ich nach Glück und Erfüllung in der Zukunft. Das Glück, der innere Friede war an die Erfüllung von Bedingungen in der Zukunft geknüpft, zum Beispiel: Wenn ich erst einmal mein Abi, einen Freund, mehr Geld, eine größere Wohnung habe, wenn ich erst einmal selbstbewusster bin und so weiter. Wenn die Situation, von der ich die Erfüllung erwartet hatte, dann da war, geschah nichts dergleichen. Höchstens eine kurze Freude. Und schon gab es wieder neue Bedingungen, ein neues Ziel, von dem ich mir Erfüllung und inneren Frieden erhoffte. Dasselbe Verhalten beobachtete ich bei vielen Menschen. Mir wurde das Absurde daran bewusst und ich war traurig, weil ich erkannte, dass Friede und unendliche Liebe so nicht zu finden waren. So würde das Leben bis zum Tode verstreichen, immer auf der Suche nach Erfüllung in der Zukunft, die sich niemals einstellen würde. Es wurde deutlich, dass das Eine Sein, der totale Friede nicht in der Zukunft zu finden war und nicht von Bedingungen abhängig sein konnte. Wenn mein ganzes Leben voller Liebe und Frieden sein sollte, müsste ich den Frieden, die unendliche Liebe jetzt finden und das Leben so leben wie es ist, in jedem Moment.

Lange Zeit blieben diese Überlegungen Theorie. Manchmal wurde ich daran erinnert, konnte es aber nicht umsetzen. Noch war ich viel zu identifiziert, als dass ich unendlichem Sein hätte gewahr sein können. Mit der Zeit gab es immer öfter die Erfahrung, vollkommen im Jetzt zu sein. Einmal, beim Skifahren, hatte ich sogar vergessen, was ich beruflich machte, wie ich lebte und was für die nächste Zeit geplant war. Das war vollkommen in den Hintergrund getreten. Auch wenn ich in Guidos Armen lag, stand die Zeit oft still. Es gab keinen Wunsch. Nichts, was dem hätte hinzugefügt oder zur Vervollkommnung hätte beigetragen werden können. Kein Geld, kein Luxus, kein schönerer Ort, kein perfekterer Guido, keine perfektere Barbara. Nichts. Es war vollkommen wie es war, in diesem Moment. Jetzt ist da nur noch die Vollkommenheit in jedem Moment. Jetzt ist nur das Jetzt, die unendliche Freiheit des Seins.

Wenn du die letztendliche Freiheit ersehnst, lass Vergangenheit und Zukunft gehen. Lass das sein, was ist, in diesem Moment, ohne Anfang, ohne Ende. Die Vergangenheit ist vorbei. Die Zukunft existiert nicht, außer in deinen Gedanken und Vorstellungen. Ist dir bewusst, wie oft du in Vergangenheit und Zukunft gefangen bist? Ist dir bewusst, wie selten du einfach nur bist, offen und frei in diesem Moment? Das Nichts, die Unendlichkeit ist – jetzt, in diesem Moment. Es ist die Stille vor und hinter jedem Gedanken. Es ist die Stille zwischen Einatmen und Ausatmen. Friede und Stille sind, wenn deine Gedanken darüber, was zu sein hat und was nicht, zur Ruhe kommen. Erinnerst du dich, dass im Jetzt Vergangenheit und Zukunft keine Rolle mehr spielen? Du bist einfach nur offen für alles, was ist. Du bist in der Schönheit und Vollkommenheit dieses Augenblickes. Wir Menschen streben nach Vollkommenheit, die wir in der Zukunft zu finden glauben und erst dann, wenn wir ein bestimmtes Ziel erreicht haben. Und das, was in der Zukunft vollkommen zu sein scheint, ist von dem gefärbt, was wir bereits erfahren, eingeordnet und bewertet haben. Wo ist die Freiheit einfach zu sein, unendliches Sein geschehen zu lassen – in diesem Moment? Jetzt.

Sei in Frieden mit dem, was ist. Gedanken und Vorstellungen über Vergangenheit und Zukunft kommen und gehen. Was bleibt, ist das Jetzt, das Sosein in jedem Moment. Keine Vergangenheit, keine Zukunft, nur das, was sich genau jetzt durch dich offenbart. Was ist, wenn du nicht mehr an deinen Vorstellungen haftest, wie dein Leben zu verlaufen hat? Was, wenn die Erfahrungen der Vergangenheit einfach beendet sind? Was, wenn du einfach nur in diesem Moment bist, ohne Vergangenheit, ohne Zukunft? Wenn du dich jedem einzelnen Moment hingibst, steht die Zeit still. Dann ist Sein, so wie es ist, ohne die Geschichte der Vergangenheit und der Zukunft. Jetzt – ist alles vollkommen. Keine Vorstellung, an der etwas gemessen werden könnte. Kein Ziel, mit dem das verglichen wird, was jetzt ist. Nichts wird jemals vollkommen sein, wenn es an Erwartungen, Vorstellungen und Geschichten gebunden ist, denn dann darf es nicht mehr das sein, was es ist. Alles ist beeinflusst von deinen Vorstellungen über die Welt, über dich und das Leben. Freiheit und Unendlichkeit offenbaren sich in der Stille jenseits von Gedanken und Vorstellungen darüber, wie etwas zu sein und nicht zu sein hat. Jetzt, in diesem Moment, ist alles da, was du suchst. Jetzt, in diesem Moment, ist alles vollkommen, so wie es ist. Jetzt, ohne gestern, ohne morgen. –

Vollkommenheit ist nicht erst dann gegeben, wenn du ein bestimmtes Ziel erreicht hast. Du als einzelnes, getrennt identifiziertes Wesen kannst dich niemals so weit vervollkommnen, dass du unendlicher Liebe, des Nichts gewahr bist. Es ist nur die Ebene der Zeit, der Ziele und der Bedingungen, die Ebene, auf der Leid niemals endet. Friede und Erfüllung sind dann abhängig von dem Glück, das du erst in der Zukunft zu haben scheinst. Die Suche nach Erfüllung durch Vervollkommnung in der Zukunft hält dich in deinen Geschichten gefangen und verhindert, dass der Schleier des Vergessens gelüftet wird. Auf dieser Ebene kannst du göttliches Sein nicht erkennen. Um der Unendlichkeit gewahr zu sein, musst du diese Ebene verlassen. Unendliches Gewahrsein liegt jenseits von Vergangenheit und Zukunft, jenseits von dir als „Person", die sich vervollständigen muss. Das Vollkommene und Ewige ist bereits da, zu jeder Zeit. Es liegt jenseits von Zeit und Raum, immer und ewiglich. Es ist das, was du bist, jenseits einer Person und deiner Identifizierungen.

Gedanken an Vergangenheit und Zukunft kommen und gehen. Das ist der Lauf der Dinge. Das sind die Informationen in einem menschlichen Körper. Du kannst sie nicht einfach abstellen. Du kannst nur erkennen, dass du nicht deine Gedanken und Vorstellungen bist, dass du nicht die Person bist, mit der du dich identifizierst. Gedanken und Vorstellungen über dich und das Leben kommen und gehen. Du hältst sie nicht für die letztendliche Wahrheit. Sie können dem, was du in Wahrheit bist, nichts anhaben. Auch deine Gedanken an Vergangenheit und Zukunft können dich nicht daran hindern, das zu finden, was nicht gesucht und nicht gefunden werden kann. Das, was du immer und ewig bist. Sie können das, was du in Wahrheit bist, nicht stören. Gedanken an Vergangenheit und Zukunft lösen sich, wenn du nicht an ihnen festhältst, in der Unendlichkeit des Nichts auf. Sie sind nicht von Bestand. Wenn du jedoch an sie glaubst, gibst du ihnen sehr viel Macht. Du verwickelst dich in Leid und Schmerz. Gedanken und Gefühle, die mit Geschichten der Vergangenheit und der Zukunft verbunden sind, kannst du nicht erfolgreich bekämpfen. Aber du kannst dich öffnen für das was jetzt ist, in diesem Moment. Du kannst dich öffnen für das, was du in Wahrheit bist – jetzt.

Was ist falsch an Vorstellungen von der Vergangenheit und an Zielen für die Zukunft? Nichts ist falsch daran. Sie können die Stille und den inneren Frieden nicht stören, wenn du ihnen keine Energie gibst, indem du an ihnen festhältst oder sie unterdrückst. Im unendlichen Gewahrsein lösen sich auch Gedanken an Vergangenheit oder Zukunft, Vorstellungen und Erwartungen wieder auf. Denn du identifizierst dich nicht mit ihnen, indem du sie für wahr hältst.

Die Kraft des Jetzt. Die Kraft dieses Momentes. Die Kraft der Stille, jenseits von Worten. Die Kraft der Stille, aus der Worte und Gedanken und Gefühle entstehen. Du hältst die Gedanken und Vorstellungen nicht für die Quelle. Du hast die Quelle, das, was in Wahrheit ist, erkannt und bist im unendlichen Sein – jetzt.

Du erkennst, dass alles kommt und geht. Vergangenheit und Zukunft halten dich nur in Illusionen gefangen, wenn du ihnen Glauben schenkst. Es gibt Vorstellungen darüber, wie etwas zu sein hat. Alles, was nicht deinen Erfahrungen und Vorstellungen entspricht, darf nicht sein, wird bekämpft. Selbst wenn deine Vorstellungen durch deine Erfahrungen bestätigt werden, ist es nicht das, was du wirklich suchst. Was du wirklich suchst, ist das Eine Sein, der Friede jenseits aller Erscheinungen und in ihnen. In der Welt der Erscheinungen wird nichts diese Sehnsucht stillen können. Im Gewahrsein des Ewigen, der Unendlichkeit ist das Eine Sein in allen Erscheinungen. Es gibt nicht einmal eine Trennung zwischen den Erscheinungen und dem Ewigen. Alles ist Eins im unendlichen Sein. Friede und Stille – jetzt. Erwachen – jetzt.

Es ist so nah. Trotzdem erkennen wir die unendliche Vollkommenheit nicht, weil wir so daran gewöhnt sind, nach etwas zu streben, das weit entfernt und außerhalb von uns liegt. Wir suchen in der Zukunft, weil wir glauben, dass das, was bereits ist, nicht vollkommen ist. Dennoch ist das Vollkommene zu jeder Zeit da. Es ist das, was ist, in diesem Moment, nicht anders, nicht besser, nicht schlechter. So wie es ist – jetzt. Die Ewigkeit, das Nichts, unendliches Sein ist so nah, dass es nichts gibt, wonach zu streben wäre. Es gibt nichts, was dir jetzt fehlen könnte. Was du suchst, findest du jetzt hier, in dir, in allem, was ist. Du findest es weder in der Vergangenheit noch in der Zukunft. Nur jetzt findest du das, was du bist, das Nichts, die Unendlichkeit des Seins.

Kein Ausdruck, der durch dich jetzt geschieht, ist falsch. Alles ist zu jeder Zeit vollkommen. Sei jetzt in Frieden und Stille mit dir und allem, was ist. Du bist angekommen – jetzt. Nicht gestern, nicht morgen. So nahe liegend, so selbstverständlich. Absurd, dass wir Menschen es nicht erkennen.

Erkenne, dass du das bist, wonach du suchst. Es ist so einfach, so nah, so selbstverständlich, wie ich es nie für möglich gehalten hätte. Was ich gesucht habe, war immer da. Was du suchst, ist immer da. Es ist in dir. Es ist in allem, was ist. Nichts fehlt dir, was ich habe. Nichts fehlt mir, was du hast. Nichts auf der Ebene der scheinbaren menschlichen Unzulänglichkeiten ist bei mir anders als bei dir. In unterschiedlichen Färbungen und Ausprägungen, in wundervoller Vielfalt bringt sich göttliches Sein zum Ausdruck. Wenn du nur an der Veränderung und „Vervollkommnung" der menschlichen Erscheinungen arbeitest, wirst du zu keinem Ende kommen. Das Ende ist jetzt, in diesem Moment, mit all dem, was du bist. Jetzt ist Frieden, jetzt ist Unendlichkeit. Jetzt bist du das, was du suchst. Die nur scheinbaren Unvollkommenheiten, die menschlichen Erscheinungen musst du nicht perfektionieren um zu erwachen. Dieser Versuch führt dich nur auf den Weg des Leidens und der Unzufriedenheit.

Halt an, jetzt, nicht erst, wenn du nicht mehr rauchst, wütend oder eifersüchtig bist, deine Gefühle „richtig" ausdrückst, zehn Kilo weniger wiegst, den richtigen Partner gefunden hast und Generaldirektor bist. Halt jetzt an, mit all deinen scheinbaren menschlichen Unzulänglichkeiten. Ich bin weit davon entfernt, eine sanftmütige „Heilige" zu sein. Ich fühle mich nicht für jeden leidenden Menschen verantwortlich, obwohl es Mitgefühl gibt. Ich esse zwar schon lange kein Fleisch und keinen Fisch mehr, trinke keinen Alkohol, keinen Kaffee und keinen schwarzen Tee. Ich nehme momentan auch keinen Zucker, keinen Honig, keine Eier und kaum Milchprodukte zu mir. Doch das geschah, weil es geschehen wollte, weil es für diesen Körper und seine Schwingung passend ist. Es hat nichts mit dem Erwachen zu tun. Erwachen ist von all dem nicht abhängig. Ich befinde mich auch nicht ständig in glückseliger Ekstase. Es ist viel stiller und selbstverständlicher. Ein alltägliches Leben mit all seinen Unzulänglichkeiten.

Ich lebe – jetzt – nicht morgen, nicht übermorgen. Dennoch gibt es Verabredungen, manchmal auch Visionen und Gedanken an die Zukunft. Ich gebe nach wie vor Seminarprospekte heraus, in denen Termine bis zu einem Jahr im voraus festgelegt sind. Auch Reisen werden manchmal geplant. Doch das, was in Wahrheit ist, ist jetzt, die Stille des Jetzt. Auch wenn es scheinbare äußere Disharmonien gibt, was bleibt, ist das Jetzt, Sein, der unendliche Friede. Das ist immer. Die Erinnerung an die Vergangenheit lässt manchmal nach. Es gibt nichts, was sich erinnern will. Warum sollte ich mich zwangsweise an das erinnern wollen, was gegangen ist?

Grundsätzlich fällt es mir zwar schwerer, mich an Menschen und Geschehnisse aus der Vergangenheit zu erinnern. Doch das ist kein Problem. Das Vergangene, das erscheinen soll, erscheint von selbst, jetzt. Dann steht es plötzlich zur Verfügung. Ich bin mit Menschen in diesem Moment. Unendliches Sein begegnet unendlichem Sein. Im nächsten Moment ist wieder etwas anderes. Und doch bin ich nicht unstrukturiert. Wenn es sein soll erinnere ich mich. Im Jetzt findet Erinnerung statt. Ich erinnere mich auch an Kindheit und Jugend, an Erlebnisse und Begebenheiten aus der Vergangenheit. Es ist jedoch oft wie eine weit entfernte Geschichte, die ich über jemanden erzähle, ohne Bezug zu dem, was ich bin. Es ist Gnade, wenn der Moment, das Jetzt da ist, ohne Anhaftung an alte Geschichten. Unendliche Freiheit. Frei sein. Früher machte ich mir so viele Gedanken. Ich spielte künftige Situationen durch und arbeitete vergangene Situationen nach. Oft blieb ich noch lange Zeit mit den Gefühlen und Gedanken eines vergangenen Moments verhaftet. Manchmal überschlugen sich Gedanken und Gefühle derart, dass ich vor lauter Unruhe nicht einschlafen konnte. Auch mein Körper war dann ganz von diesen Gefühlen eingenommen. Im Laufe der Zeit wurden Gefühle und Gedanken, die mich früher oft tagelang beeinflusst hatten, schwächer. Immer seltener blieb ich vergangenen oder auf die Zukunft gerichteten Gefühlen und Gedanken verhaftet. Besonders offensichtlich war das in der Beziehung mit Guido. Früher war ich, wenn es Streit gegeben hatte, lange Zeit verletzt und wütend. Das geschah immer seltener und war von immer kürzerer Dauer. Immer weniger hielt ich an Gefühlen und Gedanken fest. Jetzt werden sie nicht mehr genährt. Nur noch Sein.

Und dennoch gibt es Momente, in denen Vorwärts- oder Rückwärtsdenken geschieht – im Gewahrsein der Stille, der Unendlichkeit. Manchmal scheinen Gedanken und Gefühle selbst den Körper nicht zu berühren. Es ist, als sei auch dieser Körper von der Stille der Ewigkeit durchdrungen. Auch verletzende Gefühle und Gedanken können ihn nicht berühren. Da ist die Kraft, jetzt immer wieder neu zu sein, jetzt zu leben.

Manchmal stellen mir verschiedene Menschen dieselbe Frage und meine Antworten sind unterschiedlich. Sie können sogar genau entgegengesetzt sein. Es spricht das, was gesprochen werden soll. Es geschieht das, was geschehen soll, ganz menschlich, ganz greifbar. – Und im nächsten Moment geschieht etwas anderes. – Jetzt. Es geschieht, jetzt, überhaupt nicht abgehoben, so menschlich wie es menschlicher nicht sein kann.

Wenn du Gott suchst,
wie ein Ertrinkender nach Luft ringt,
kannst du ihn in diesem Augenblick finden.

Meister Eckart

Medialität

Auch durch Medialität können wir wahres Sein finden. Es kann eine Brücke zu der Erkenntnis sein, dass wir mehr sind als unser Körper, mehr als unser Leben von der Geburt bis zum Tod. Für mich war der Kontakt zur geistigen Welt ein Geschenk. Ich wurde der Stille, der unendlichen Liebe immer mehr gewahr. Im Kontakt zur geistigen Welt erfuhr ich die Auflösung einer getrennt identifizierten Person in einem einzigen Sein voller Liebe immer wieder. Die Botschaften, die ich empfing, und das Verweilen in diesem raumlosen Raum brachte immer unendlichen Frieden, wie viel Traurigkeit, Probleme und Schwierigkeiten es in meinem Leben auch gab. Durch das Channeln wurde ich sehr intensiv und konzentriert in die unendliche Liebe geführt. Anfangs gab es eine große Diskrepanz zwischen dem Zustand, in dem ich mich während der Übermittlungen befand, und meinem alltäglichen Leben. Körper, Psyche und das ganze Energiesystem waren noch nicht auf diese starken Liebes- und Lichtenergien eingestellt. Der Körper war oft schlapp und müde. Zu anderen Zeiten war er energetisch so aufgeladen, dass er kaum Schlaf brauchte. Verschiedene Reinigungsprozesse liefen ab. Anfangs gab es auch Probleme mit dem Kreislauf und mit der Erdung. Es schien, als näherten sich zwei Welten langsam einander an. Wahrnehmungen, Gefühle und Gedanken veränderten sich immer mehr. Das alltägliche Leben lebte sich immer mehr aus dem Einen Sein, das mir durch die Hilfe der geistigen Wesenheiten immer vertrauter wurde. Die geistige Welt und die Welt des Menschseins näherten sich einander an. Die gemeinsame Essenz hinter allem wurde sichtbar. Es gab keine Trennung. Erst jetzt, während ich dieses Buch schreibe, wird mir klar, welche Bedeutung das Channeln auf meinem Weg des Erwachens hatte.

Alles, was rund um Channeling und Medialität geschieht, sah und sehe ich eher kritisch. Ich wollte niemals channeln und wäre „freiwillig" nie dazu gekommen. Durch „Zufall" stellte sich in einem Seminar heraus, wie leicht es mir fällt. Und dann machte ich einfach nur meinen „Channeljob". Ich machte das, was ich tun sollte. Mehr nicht. Ich wurde auch nicht direkt gefragt, ob ich das wollte oder nicht, aber mittlerweile war ich weise genug, keinen allzu großen Widerstand zu leisten. Ein wenig Skepsis blieb jedoch immer. Ich sah, was für ein Geschenk es war, während der Übermittlungen in unendlicher Liebe zu sein und Verstrickungen klarer zu erkennen. Andererseits sah ich gerade rund um die Medialität auch die Gefahr neuer Verstrickungen und Identifizierungen. Ich erlebte die Medialität als ein Geschenk, das großer Wachsamkeit bedarf, damit es ein solches bleibt. Es gab zum Beispiel das innere Wissen darüber, dass es nicht gut war, dieses Geschenk im Übermaß mit eigenen Fragen zu strapazieren. Selten bat ich um Antwort auf eine persönliche Frage. Nicht, dass ich nicht manchmal neugierig gewesen wäre, aber letztlich waren mir nur ein paar tief empfundene Fragen ein wirkliches Anliegen. Ich wusste, dass viele Fragen nur das Bedürfnis nach Wissen, Sicherheit, Macht und Kontrolle befriedigen wollten. Es gab die innere Klarheit, dass mir das nicht wirklich helfen würde. Viele Antworten waren auch auf ganz „normalem" Weg zu finden – mit Vertrauen, Dankbarkeit und Hingabe an das, was ist. Das heißt natürlich nicht, dass ich immer geduldig, hingebungsvoll und voller Vertrauen war.

Mediale Fähigkeiten und spirituelles Interesse können genauso in Vermeidung und Verstrickung führen wie alles andere auch. Es gibt Menschen, die sich schon seit Jahren und Jahrzehnten der Spiritualität und der Entwicklung medialer Fähigkeiten widmen und dennoch die Konfrontation mit den wesentlichsten und offensichtlichsten Themen ihres Lebens vermeiden. Im Gegensatz dazu dringen manchmal auch Menschen, die sich überhaupt nicht mit Spiritualität, medialen Fähigkeiten und Meditation beschäftigt haben, sehr schnell zum Wesentlichen vor, ganz einfach, weil sie den ehrlichen Wunsch nach Wahrheit und Freiheit haben und nicht zuletzt auch deshalb, weil sie sich den Herausforderungen des täglichen Lebens ganz bodenständig stellen. Leben, Sein ist hier und jetzt, ganz selbstverständlich.

Die Fallen des Ego sind auch im Bereich Medialität und Spiritualität zu finden, nur dass sie hier meist sehr subtil und schwer zu erkennen sind, denn sie tragen den Mantel des Lichts und der Liebe. Das „Ego" freut sich, wenn wir dem Glauben anhaften, scheinbar weiter entwickelt zu sein als andere, die von Spiritualität und Medialität nichts wissen. Das Ego freut sich, wenn wir dem Glauben anhaften, scheinbar lichtvoller zu sein als andere Menschen, die ja noch so verhaftet und auf dem „falschen Weg" sind. Das Ego freut sich, wenn wir dem Glauben anhaften, jemand dürfe nicht so wütend, nicht so egoistisch und nicht so verstrickt sein.

Spiritualität und Medialität können auch benutzt werden, um Kontrolle und Macht auszuüben und Menschen in Abhängigkeit zu halten. Ich kenne einige Menschen, die ihre Verantwortung abgegeben und medialen Übermittlungen und spirituellen Sichtweisen zu viel Glauben geschenkt haben. Sie machen den Eindruck, als sei ihnen das Vertrauen in die eigene Führung und der gesunde Menschenverstand völlig abhanden gekommen. Geistige Wesen und Medien wissen nicht alles besser! Es geht nicht darum, sich von ihren Aussagen abhängig zu machen und sie höher zu bewerten als das eigene Empfinden. Geistige Wesen und ihre Botschaften sind nur eine Brücke, die uns zur Liebe, zu dem Einen Sein überall und in allem führen kann. Sie wollen unsere Hingabe und unser Vertrauen in das Eine stärken, und es geht ihnen nicht darum, uns nicht in Autoritätshörigkeit und Unselbständigkeit zu führen.

Weiterhin besteht die Gefahr, dass man aufgrund von medialen Aussagen und Zukunftsprognosen zu sehr in der Vergangenheit verweilt oder auf die Zukunft fixiert ist und sich an vermeintlichem Wissen festhält, statt sich voller Gottvertrauen dem hinzugeben, was jetzt ist. Steckt dahinter nicht auch der Wunsch, das, was unaussprechlich, nicht in Form zu bringen und nicht kontrollierbar ist, endlich kontrollieren zu wollen? Mediale Fähigkeiten sollten nicht mit der Erkenntnis des unendlichen Seins gleichgesetzt werden. Medialität kann eine Brücke zur Erkenntnis unendlichen Seins bauen und mehr nicht. Die Erkenntnis, das Gewahrsein, unendliches Sein ist unabhängig von Medialität.

Mit zwanzig begegnete ich zwei hell- und aurasichtigen Frauen. Bevor ich sie gesehen hatte, dachte ich, dass sie gottgleich sein müssten, um solche Einblicke zu haben. Als ich ihnen begegnete, war ich überrascht. Einerseits konnte ich ihre Fähigkeiten schätzen, auf der anderen Seite war sofort deutlich zu erkennen, wie verstrickt und unklar sie auf der Ebene ihrer persönlichen, menschlichen Entwicklung waren. Menschen, die medial begabt sind, müssen in der Erkenntnis unendlichen Seins nicht näher an der Wahrheit sein, als jemand, der die Straße fegt und sich niemals mit Medialität befasst hat. Auch Medialität gehört zur Welt der Erscheinungen und hat ihre Berechtigung wie alles andere. Doch wenn wir daran haften, sind wir in einer neuen Illusion gefangen.

In meiner Arbeit als Medium sah ich mich immer wieder mit unrealistisch hohen Erwartungen konfrontiert – so als müsste ich alles wissen und jedes Problem lösen können. Das fing an mit der Bitte, kranke Angehörige in Verbindung mit der geistigen Welt zu heilen, und ging bis zu dem Wunsch zu erfahren, was genau morgen passieren würde. Menschliche Bitten und Wünsche. Doch ihnen zu entsprechen und sie zu erfüllen liegt nicht in „meiner" Macht. Und in Wahrheit geht es auch nicht darum. Es gilt vielmehr, die Verstrickungen und Anhaftungen zu lösen und sich dem Frieden, der Stille, dem Einen Sein hinzugeben. Hier stellt sich die Frage, was du wirklich willst. Neue Geschichten auf der Ebene der medialen Erscheinungen, an denen du haftest, oder die letztendliche Freiheit. Und die ist nicht von medialen Fähigkeiten abhängig und nicht von dem, was sich daraus ergibt. Wahres Sein liegt hinter all diesen Erscheinungen. Wenn du der Essenz, unendlichen

Seins gewahr sein und nicht vorher Halt machen willst, gilt es weiter zu schauen, hinter all diese Erscheinungen. Nichts ist falsch an diesen Erscheinungen. Keine medialen Übermittlungen, keiner, der ihnen Glauben schenkt.

Für das Erwachen ist es nicht von Bedeutung, ob du in die Zukunft schauen kannst, aurasichtig bist oder bewusste Kontakte zu einer geistigen Wesenheit hast. Gab es nicht immer wieder Momente in der Natur, beim Sport, mit deiner Familie, in denen du des Einen Seins, der unendlichen Liebe gewahr warst? Dazu brauchst du keinen Kontakt zu einem Geistführer und musst nicht in der Lage sein, die Aura zu sehen. Dazu brauchst du nichts über Sternennamen, Heimatplaneten, Atlantis oder Lemurien, Engel, Astrologie oder Numerologie zu wissen. Meinen ersten Channelkontakt hatte ich zu den Wesenheiten von Andromeda. In diesem Kontakt hatte ich das Gefühl, wirklich zu Hause zu sein. Das war sehr schön, denn in diesem Maße fühlte ich mich auf der Erde noch nicht zu Hause. Inzwischen ist da nur noch das Gewahrsein des Einen überall, unabhängig von fernen Orten, Planeten, von diesem Körper, von Leben und Tod. Da ist Ewigkeit jetzt, hier in diesem Leben. Da ist das Eine Sein, unendliche Liebe jetzt hier, in diesem Moment. Nichts was fehlt oder vermisst werden könnte.

Erwachen

Ich war im Leben so gefangen wie du es vielleicht bist. Vielleicht bist du aber auch nicht mehr gefangen oder warst es nie. Es gibt nichts Besonderes an meiner Geschichte, obwohl sie wie jede Geschichte einzigartig ist. Ich wurde nicht erwacht geboren. Ich hatte keine erwachten Eltern. Ich hatte keinen erwachten Lehrer. Ich war nicht besonders gläubig. Einfach ein menschliches Leben. Ich bin nicht von einem Tag auf den anderen „unvorbereitet" im göttlichen Sein erwacht. Es war eine stetige Entwicklung. Es gab immer mehr Erfahrungen der Auflösung, des Einen Seins, des unendlichen Friedens. Es war nichts, was über mich kam, ohne einen Bezug zu gestern zu haben. Und doch war und ist Erwachen nur jetzt, ohne Vergangenheit, ohne Zukunft. Das Nichts, die Unendlichkeit – jetzt.

Immer mehr fand ich durch Gnade, wonach ich suchte. Auf der Ebene der Dualität, wo es eine Entwicklung, einen Weg zum Erwachen zu geben scheint, war dieser Weg sehr greifbar, ohne große Überraschungen. Ich fühlte mich, außer in meiner Jugend, niemals wirklich unvorbereitet. Es ging Schritt für Schritt. Manchmal im Schnelldurchgang, aber immer Schritt für Schritt.

Ich schaute ganz konkret, wo ich frei war und wo verstrickt. Ich betrachtete meinen Schatten und das, womit ich mich einschränkte. Mein Weg könnte als solide Alltagsarbeit und Wahrheitssuche bezeichnet werden. Er war direkt am Leben orientiert, verbunden mit dem Bedürfnis es zu beleuchten, zu erforschen und mich zu befreien. Systematisch wurde ich, wenn die Zeit gekommen war, zu verschiedenen Themen geführt. Ich nahm immer das, was mir direkt vor die Füße gesetzt wurde – das, was anstand. Ich griff die Situationen meines Lebens auf, die Konflikte und die Fragen, die sich gerade stellten.

Erst nachdem ich den Ängsten und Verstrickungen ins Auge geschaut hatte, suchte ich ganz bewusst nach dem, was wirklich bleibt. Ich machte mich auf die Suche nach der wahren Essenz. Daraufhin „ergaben" sich die Übermittlungen für das Buch *Einssein mit Gott – Das Ende jeder Suche*. Sie lehrten mich und halfen mir das zu erkennen, was blieb, nach der Befreiung aus den Verstrickungen. Zum Ende dieser Übermittlung war das Eine Sein gefunden. Die Trennung war aufgehoben. Die Suche endete. Friede, göttliches Gewahrsein breitete sich aus. Stille. Nur noch Stille. Sein blieb, Sein ist.

Dennoch gab es anfangs noch kurze Verunsicherungen und Zweifel. Doch das Sein, das Nichts war gefunden. Es ging nicht mehr verloren. Gewahrsein ist. Es konnte auch nicht mehr wirklich bezweifelt werden. Da war nur noch Friede und Stille. Danach wurde ich zu Byron Katie, einer erwachten Amerikanerin geführt. Ich wusste, dass es für mich nicht direkt um ihre Arbeit ging. Da waren nach wie vor Gefühle und Gedanken, manchmal auch „schräge", aber niemand mehr, der daran haftete, und kein Leid, das erzeugt wurde. Es war nichts da, was befreit werden wollte. Freiheit war gefunden. Es gab nur den wunschlosen Wunsch, diese Frau zu sehen, die bewusste Energie, unendliches Gewahrsein in einem anderen menschlichen Körper. Ich fühlte vorher schon, dass alles, was mir geschah, in ihr vertieft und gefestigt war. Unendliches göttliches Sein in einem Körper wie in allen Körpern, aber in völligem Gewahrsein. Hier war unendliches Gewahrsein in einem menschlichen Körper, lebendig, liebend und nicht „abgehoben". Hier begegnete unendliches Sein, unendliche Liebe sich selbst. Hier sah ich auch diese Einfachheit und Natürlichkeit, die wir in Wahrheit sind. Es gab keinen Impuls, „persönlichen" Kontakt mit ihr aufzunehmen. Wir wechselten kein Wort. Da war einfach nur Sein in tiefer Stille und Liebe. Dem brauchte nichts hinzugefügt werden. Es war ein großes Geschenk für mich, sie zu sehen. Eine kurze Begegnung war ausreichend, eigentlich nur ein Augenblick. Es war so beruhigend zu erkennen, dass bei mir alles in Ordnung und nichts anders ist. Da war unendliche Liebe, nur das eine unendliche Sein.

Später hörte ich von einem Retreat mit Gangaji und Eli, ebenfalls erwachte Amerikaner. Ich meldete mich an und wieder ab in dem Gewahrsein, dass es nicht mehr von Bedeutung ist, ob ich dort hinging oder nicht. Was gesucht wurde, war bereits gefunden. Trotzdem nahm ich schließlich an diesem Retreat teil – und spürte, während ich dort war, dass das alles nicht von Bedeutung war. Es macht keinen Unterschied. Was ist, ist. Das was war, wurde niemals verlassen. Lehrer konnte ich nicht finden. Es war nicht möglich. Nur unendliches Sein.

Als Gangaji und Eli von der Notwendigkeit eines menschlichen „erwachten" Lehrers sprachen, tauchten Zweifel auf, vielleicht etwas übersehen zu haben. Doch da war nur Vollkommenheit. Der Friede, die Stille konnte auch von diesen Zweifeln nicht berührt werden. Es gab nun einmal keinen menschlichen erwachten Lehrer auf meinem Weg zum Erwachen. Dann tauchte die Frage auf: Wer sagt, dass Erwachen nur durch einen erwachten Lehrer möglich ist? Es scheint auch die Gnade des Erwachens zu geben, ohne die Unterstützung eines erwachten menschlichen Lehrers, einfach nur weil der Zeitpunkt gekommen ist. Der Friede, die Stille, die Unendlichkeit ist immer, unabhängig von einem Lehrer oder Schüler.

Mein Leben war und ist der Lehrer. Lehrer waren und sind auch die Menschen, mit denen ich täglich in Kontakt bin, und besonders die geistige Welt. Doch der letztendliche Lehrer ist immer der Lehrer, den wir alle haben, das Eine Sein, die Unendlichkeit. Alles andere kann auf der Ebene der Form so vielfältig und unterschiedlich sein. Auf so vielen verschiedenen Wegen werden wir Menschen zum Erkennen dessen geführt, was wir sind. Kein Weg ist falsch. Es ist immer der Weg, den unendliches, göttliches Bewusstsein durch deinen Körper wählt. Und der ist einzigartig und unvergleichbar.

Wichtig ist, dass du deiner Sehnsucht nach dem Einssein, nach unendlichem Sein folgst. Sinn und Zweck des Lebens scheint zu sein, dass göttliches Bewusstsein sich selbst erkennen kann. Das ist so wenig kompliziert und umständlich, wie ich es nie für möglich gehalten hätte. Ich glaubte immer, dass ich mich weiterentwickeln und perfekt werden müsse. Ich glaubte auch, dass „Erwachte" über Gefühle erhaben sind. Es gab so viele Vorstellungen, und fast alle waren lebensfern, unmenschlich und weit entfernt. Diese Vorstellungen behindern die Erkenntnis, dass Erwachen ganz natürlich ist, die Selbstverständlichkeit des Seins. Sein in Freiheit.

Bevor die Suche beendet war, habe ich mich nicht mit Erleuchtung beschäftigt. Ich folgte immer nur der Sehnsucht nach dem Einssein, brachte das aber nicht in Verbindung mit Erleuchtung oder Erwachen. Es mag Menschen geben, die lange Zeit bewusst nach Erwachen und Erleuchtung suchen, die spirituelle Meister haben – und erwachen. Und es mag Menschen geben, die sich nie bewusst mit Religion oder Spiritualität auseinandergesetzt haben – und erwachen. Es gibt so viele Wege wie es Menschen gibt. Es ist möglich, einfach zu sein, unendlichen Seins gewahr zu sein, ohne auch nur einen Bruchteil von dem zu wissen, was hier beschrieben wird.

Es kann aber auch sein, dass du theoretisch alles über das Erwachen weißt, dass du Hunderte von Büchern gelesen hast und vielen „Erwachten" persönlich begegnet bist – und trotzdem bleibt dir die Tür verschlossen. Sie bleibt so lange verschlossen, bis du dich ohne Theorien und Vorstellungen dem hingibst, was ist, und alle deine Vorstellungen über Bord wirfst. Wer weiß das schon wirklich? Was weiß ich schon wirklich? Es gibt niemanden, der etwas wirklich wissen kann. Es geht auch nicht um Wissen, um Verstehen, um Theorien. Es geht nur um Sein, um Gewahrsein.

Das, was du wirklich bist, liegt jenseits der Worte und jenseits des Verstehens. Alle Worte, alles Wissen und alles Verstehen, sind nur Ausschnitte dessen, was unendlich ist, dessen, was nicht beschreibbar ist, dessen, was einfach ist, Stille, unendliches Sein, Bewusstsein.

Es hat mich nie nach Indien gezogen. Auch nicht zu einem Meister, Guru oder Heiligen. Da war nur der Impuls, nach innen zu gehen, dem Leben zu folgen und dem, was sich in mir abspielte. Der wahre Lehrer ist das Göttliche in allem, das unendliche Bewusstsein. Kein Mensch kann dir dieser Lehrer sein, aber du kannst all dies durch einen und in einem erwachten Lehrer erkennen.

Doch Vorsicht! Ich bin Menschen begegnet, die Gurus und Meister suchten, um die Verantwortung abzugeben und vor den Problemen ihres täglichen Lebens zu flüchten. Es geht nicht darum, unendliches Sein nur in einem bestimmten auserwählten Menschen, in bestimmten Situationen und unter bestimmten Bedingungen zu erkennen und das Eine in dir, in deinem eigenen Leben und in allem was ist zu übersehen. Und doch ist es für manche Menschen vollkommen und wahrhaftig, mit einem erwachten Lehrer zu sein, um das Ewige durch ihn in sich selbst und in allem zu erkennen. Selbst wenn du einen Guru suchst, um die Verantwortung abzugeben und zu fliehen, kann dir in Wirklichkeit nichts passieren. Das, was du bist, wird davon nicht berührt. Es gibt nichts zu verlieren. Es gibt nichts, was du verpassen oder falsch machen könntest. Es ist nur die Frage, ob du bewusst frei sein oder ob du leiden willst. Was willst du?

Ich habe nie meditiert, zumindest nicht im üblichen Sinne. Lange Zeit wäre Meditation nur harte Disziplin und Anstrengung gewesen. In vielen anderen Dingen des Lebens, auch im täglichen Tun, fand ich viel leichter und spielerischer Frieden und Freude. Als streng getrennt erlebte ich Spiritualität und alltägliches Leben nur zu Beginn meiner Auseinandersetzung mit all diesen Themen. Denn bald wurde klar, dass das alltägliche Leben unendliches Sein und Liebe ist. Die größte Meditation bestand darin, mich aus den Verstrickungen zu befreien. Die Auflösung der Verstrickungen ließ mich ganz selbstverständlich und einfach Göttlichkeit und unendliches Sein erfahren und erkennen. Die Freiheit unendlichen Seins geschah damit wie von selbst.

Obwohl ich auch als Rückführungstherapeutin und Channelmedium arbeite, merke ich, dass das Leben jetzt, ganz aktuell, ohne Geschichten und ohne Wissen aus „anderen" Welten und vergangenen Leben alle Fragen beantwortet. Noch mehr Geschichten und Erklärungen sind oft weder notwendig noch förderlich. Das Leben ist so vielfältig, dass es nur selten Sinn macht, wieder neue Konstrukte zu erschaffen. Meine Erfahrung mit Rückführungen hat mich gelehrt, dass es niemals wirklich um die Geschichte geht. Es geht meistens nur um das Lösen von Blockaden, Schwüren, Absprachen und Verboten. Es geht darum zu erkennen, dass du weder dein jetziges, noch dein vergangenes Leben bist. Es geht letztendlich um die Erkenntnis dessen, was nie stirbt und nie geboren werden kann. Es geht um das Gewahrsein der Ewigkeit. Es gibt schon genug verstrickte Geschichten. Dennoch ist es manchmal sehr hilfreich, Verstrickungen aus der „Vergangenheit" zu lösen und Bilder dafür sprechen zu lassen. Aber ist es wirklich von Bedeutung, wer du in der Vergangenheit warst und wer du jetzt bist? Die Geschichten vergangener Leben sind genauso wenig von Bedeutung wie die Geschichten deines jetzigen Lebens. Auch die Geschichten der geistigen Hierarchien, ihre Bezeichnungen und Zuordnungen haben mich nie wirklich interessiert. Letztendlich war ich nur an Energien interessiert, nur an unendlicher Liebe – weder an Worten, noch an Namen, noch an Wissen. Ich sehnte mich nach einem Leben in Frieden und unendlicher Liebe. Auf jeden Fall hatte ich keine Lust mehr, so viel zu leiden.

Das Nächste, das Greifbare, das Alltägliche wollte als Weg in die Freiheit genommen werden. Und was geschehen wollte, geschah. Die Vollkommenheit offenbarte sich. Das Gewahrsein der Unendlichkeit ist sehr einfach, sehr nah, sehr praktisch. Es ist in deinem Leben. Es ist in dir. Wie ich das, was nicht zu beschreiben ist, zu beschreiben versuche, mag kompliziert klingen, aber es ist so nahe liegend. Was ist, ist. Es ist mit Worten nicht zu beschreiben. Halte dich also nicht an den Worten fest. Befreie dich von allen Vorstellungen darüber, wie du sein musst um zu erwachen.

Befreie dich vor dem Glauben, den einzig richtigen Weg finden zu müssen. Nichts davon ist wirklich wahr.

Nach Erleuchtung zu streben, ist nicht notwendig. Gib dich jetzt, in diesem Moment unendlichem Sein hin. Nichts, das dir noch fehlt. Nichts, das du dir erarbeiten müsstest um zu erwachen. Alles ist bereits vorhanden und vollkommen. Die Unendlichkeit ist jetzt und in jedem Moment.

So viel Schmerz liegt in dem Glauben, dass etwas an oder in dir nicht vollkommen ist. So viel Schmerz wird von dem Glauben verursacht, dass dir etwas fehlen könnte, was jemand anders hat. Ich bin nicht etwas, das du nicht bist. In Wahrheit bin ich das Eine, so wie du das Eine bist. Wir lösen uns im Meer der Unendlichkeit auf. Jenseits des Vergleichens, jenseits des Glaubens, etwas noch nicht erreicht zu haben, jenseits unserer Geschichten, jenseits von Guru, Wissen und Meditation liegt unendliche Liebe, unendliches Sein. In dir, in mir, in allem, was ist. Immer mehr Menschen werden ihr wahres Sein erkennen. Die Zeit ist gekommen. Mehr und mehr Menschen erwachen. Auch du wirst irgendwann erwachen. Du kannst nichts dagegen tun. Deine Person kann nicht aufhalten, was geschehen will.

Und kein Weg zum Erwachen ist wie ein anderer. Nichts, woran du dich festhalten könntest. Was du bist, ist von keiner bestimmten Geschichte und keiner bestimmten Erfahrung des Erwachens abhängig. Es gibt nicht nur eine einzig „richtige" Geschichte, einen einzig „richtigen" Weg. Die Geschichten des Erkennens, des Erwachens im wahren Sein sind so vielfältig wie die menschlichen Wesen. In deiner Geschichte kann alles anders sein als in meiner. Ich bin mir bewusst, dass aus dem, was du hier liest, neue „Geschichten", neue Vorstellungen und Erwartungen entstehen können. Das sind einfach nur weitere Spiele der Verstrickung und des Leidens. Leiden hört dann auf, wenn du dich dem öffnest, was hinter all diesen Vorstellungen, Gedanken, Bewertungen und Orientierungen liegt.

Im Gewahrsein der Unendlichkeit lebt sich das Leben meines Körpers einfach weiter. Frieden und Stille. Nichts Besonderes.

Keine Trennung in spirituell und nicht spirituell. Ein Leben, das sich lebt. Was ist geschehen? Ich weiß es nicht. Sein, göttliches Sein ist. Ohne Anfang, ohne Ende, ohne Worte. Das Leben ist einfach. Die Wahrheit ist einfach. Es ist.

Die Suche „der Person Barbara" endete. Es gab nichts mehr, was fehlte, was gesucht und gefunden werden musste. Es ist, als sei nie etwas anderes als die unendliche Stille da gewesen, obwohl es viel Leid und viele Turbulenzen in meiner Geschichte gab. Nichts ist geblieben. Nur ein Leben, das gelebt wird.

Auf der äußeren Ebene blieb das Leben im Großen und Ganzen unverändert – und doch waren einige Geschehnisse bemerkenswert. Morgens kurz vor dem Aufwachen nahm ich in einem Zwischenzustand wahr, wie Gedanken angehalten und zeitlich gerafft wurden. Ich sah diese Gedanken wie eine Linie oder einen Strich, angehalten und komprimiert im Jetzt. Das erlebte ich zweimal bewusst. Es war nicht sonderlich spektakulär und dennoch ungewöhnlich. Einfach nicht in Worte zu fassen. Ein paar Tage später war die Suche beendet, die Kraft des Jetzt, des Soseins strahlte.

Mit dem Erwachen veränderte sich die Energie im Wurzelchakra und im Genitalbereich. Im ersten halben Jahr verschwand jegliches sexuelle Interesse. Als es sich dann langsam wieder einstellte, war das sexuelle Erleben verändert. Besonders die rein körperliche genitale Spannung war deutlich geringer geworden. Es gab auch nicht mehr das starke Verlangen, durch Sexualität Verschmelzung, Entladung und Entspannung zu erfahren. Das Eine Sein, die Unendlichkeit, die ich früher vor allem in der sexuellen Vereinigung erlebte, ist ganz selbstverständliches natürliches Sein geworden. Früher war mir Sexualität wichtig, um die Sehnsucht nach dem Einen Sein zu stillen. Jetzt brennt das Feuer, das durch das Spannungsfeld der Sexualität entfacht wurde, nicht mehr auf die ihm bekannte Art und Weise. Dennoch geschieht auf wundervolle Weise – wenn auch weniger – Vereinigung mit Guido. Ein Jahr nach dem Erwachen fühlte ich eines Nachts ein Feuer in mir, als würde ich verbrennen. Vor lauter Hitze und Brennen konnte ich nicht schlafen. Es war, als produziere eine Feuerquelle im unteren Bauchbereich Hitze wie ein Ofen. In einer solchen Intensität hatte ich das zuvor noch nie erfahren. Der ganze Körper fühlte sich an, als würde er verbrennen. Es war nicht einzuordnen und mit nichts zu vergleichen. Es war, wie es war. Nur Bewusstsein, dass da etwas Ungewöhnliches passierte. Das war alles. Eine Freundin meinte, dies könne mit der Kundalinienergie zusammenhängen. Das mag sein. Hörte sich an manchen Stellen ganz schlüssig an. Dennoch war es nur, was es war. Das Feuer in den Genitalien, im Wurzelchakra war seit einem Jahr ruhiger geworden, und plötzlich brannte in einer Nacht der ganze Körper. Es folgt alles seinen eigenen Gesetzen.

Veränderungen in der Sexualität, wie beispielsweise das Erlöschen von sexuellem Interesse, muss jedoch kein Hinweis auf das Erwachen sein. Ich hörte von einer „erwachten Frau", an deren sexuellem Erleben sich nichts auffallend verändert hat. Sie beobachtete jedoch eine Veränderung ihres Essverhaltens und stellte fest, dass sie auffallend weniger Hunger hatte und weniger aß, auch bedingt durch das Bewusstsein, genährt zu sein. Ich hingegen habe nach wie vor einen sehr guten Appetit. Erwachen ist also an nichts festzumachen. Wenn dein sexuelles Interesse zurückgeht und du plötzlich weniger Hunger hast, kann das vielerlei Gründe haben. Erwachen ist jedenfalls nicht von äußeren Merkmalen abhängig und nicht an irgendetwas messbar.

Im Zusammenhang mit dem Wurzelchakra erinnere ich mich auch an meine ausgeprägte Höhenangst. Sie tauchte wie aus dem Nichts auf, als ich Anfang zwanzig war. Von da an suchten wir Skigebiete immer nach entsprechenden Liften aus. Von einem Balkon hinunterzuschauen überforderte mich. Wenn ich in die Tiefe schaute oder auch nur die Tiefe fühlte, ging ein Ziehen durch meinen Körper und ich hatte das Gefühl zu fallen. Es war, als könnten meine Wurzeln das Fallen in die Tiefe nicht verhindern. Es schien einen Zusammenhang mit dem Wurzelchakra zu geben. Mit dem Erwachen verringerte sich diese Höhenangst plötzlich auffallend. Niemand, der das wirklich einordnen kann und will. Nur Erfahrungen und Beobachtungen. Sein ist, Sein bleibt.

Ich schreibe von Veränderungen, die geschahen. Doch viel bezeichnender ist, dass auf der Ebene der äußeren Geschehnisse vieles unverändert blieb. Nur das Gewahrsein der Unendlichkeit, des Ewigen, des Nichts stellte sich ein. Das Leben wird Tag für Tag in seiner Vollkommenheit gelebt. Das Bezeichnende sind nicht die Erfahrungen, die ich beschreibe, gewöhnliche oder ungewöhnliche. Es ist das Leben jetzt. Sein jetzt. Vollkommenheit jetzt. Kein Glaube mehr an ein Glück, das sich erst in der Zukunft einstellt, wenn sich etwas verändert hat. Erfahrungen, auch Erfahrungen der Glückseligkeit, von „Gott" und strahlendem Licht waren mir früher wertvoll. Doch was jetzt ist, ist permanent jenseits von sensationellen Erfahrungen. Es ist Sein, unabhängig von irgendetwas, auch von besonders glückseligen, traurigen oder schmerzhaften Erfahrungen. Ich bin ein „normaler" Mensch mit vielen menschlichen Eigenarten und Unarten geblieben. Nicht perfekt und dennoch vollkommen. Das menschliche Leben geht weiter. Es ist. Ein menschliches Leben wie alle menschlichen Leben, nicht mehr, aber auch nicht weniger. Eine menschliche Geschichte wie alle menschlichen Geschichten.

Wenn du mich auf der Ebene menschlicher Erscheinungen siehst, bin ich so unperfekt, wie du es kennst. Vielleicht würdest du, wenn wir uns auf der Straße begegneten, die Freiheit in mir nicht erkennen. So wie du vielleicht von dir erwartest, perfekt und über vieles erhaben sein zu müssen um zu erwachen, würdest du dasselbe von mir erwarten. Aber was weiß ich schon, wer du bist? Was wir in Wahrheit sind, bringt sich selbst in der Dualität, in der Welt der Form vollkommen zum Ausdruck. Nur dem identifizierten menschlichen Auge erscheint es immer unvollkommen. Das identifizierte menschliche Wesen wird immer etwas auszusetzen haben. Hier gibt es immer Zweifel. Menschlicher Ausdruck ist menschlicher Ausdruck. Die Ebene des Spiels ist die Ebene des Spiels. Nicht mehr und nicht weniger. Hier wirst du nie das Vollkommene finden, wenn du daran festhältst und dich identifizierst. Das ganze Spiel ist bereits vollkommen. Also halte inne, gib dich hin, jetzt. Hier und jetzt ist das, was du suchst.

Ich bin wirklich weit davon entfernt, „perfekt" und ohne „Fehler" zu sein. Manchmal scheinen diese Fehler aus menschlicher Sicht betrachtet im Widerspruch zur unendlichen Stille, zum Erwachen zu stehen. In Wahrheit ist da kein Widerspruch, gibt es keine Fehler. Es ist einfach nur Sein. All die Menschlichkeiten können sich zum Ausdruck bringen. Nichts, wodurch der Friede verlassen werden könnte. Unendliche Liebe, unendliches Sein ist immer.

Anfangs kommentierte der Verstand manche menschlichen Verhaltensweisen. Er wollte sie dem Erwachen gegenüberstellen und es bezweifeln. Jetzt können diese Gedanken das scheinbare Verlassen des Einen Seins nicht mehr verursachen. Die Selbstverständlichkeit des Seins ist. Menschlichkeiten und Unvollkommenheiten sind. Die Freiheit ist jetzt, auch in unserer „menschlichen Unvollkommenheit". Unsere menschlichen Schwächen sind kein Hindernis. Sie sind vollkommen. Hör auf, sie zu beurteilen und zu kritisieren, du kannst sie nicht ausmerzen. Es geschieht ganz von selbst.

Selten spreche ich darüber, wie ich das Leben wirklich erlebe. Was erzählt wird, gleicht sich im alltäglichen Leben ganz von selbst der Verständnisebene meines Gegenübers an. Ich bin nicht, um andere zu belehren und alles besser zu wissen.

„Ich" bin. Das ist alles.
„Ich" lebe. Das ist alles.
„Ich" koche. Das ist alles.
„Ich" lese. Das ist alles.
„Ich" spiele Tennis. Das ist alles.

Oft sehe ich die Verstrickungen und Glaubenssätze der Menschen, wie sie sich gefangen halten und verhindern, dass sie unendlichem Sein gewahr werden.

Dennoch sage ich öfter nichts dazu, als dass ich darüber rede. Alles hat seine Zeit, auch die Bewusstwerdung jedes einzelnen Menschen. Jeder entwickelt sich nach einem vollkommenen Plan, auch mit all seinen Verstrickungen. Ich bin weit davon entfernt, die Welt retten und jeden in die Freiheit führen zu wollen. Das wäre größenwahnsinnig. Was geschieht, geschieht. Die Vollkommenheit offenbart sich. Ich bin. Das ist alles. Das ist genug. Es offenbart sich im Sein.

In den zehn Jahren, in denen ich als Tanztherapeutin in psychiatrischen Einrichtungen arbeitete, erkannte ich, dass die Patienten mehr durch das lernten, was ich lebte und ausstrahlte, als durch das, was ich „klug" erzählte. Sie nahmen uns Therapeuten oft klarer wahr als wir uns selbst und oft ohne dass etwas ausgesprochen werden musste. Auch wer therapeutisch sehr wissend und gut ausgebildet ist, gibt unbewusst mehr oder weniger nur das weiter, was er ist und vorlebt. Es ist bekannt, dass Kinder das lernen, was ihre Eltern leben, selbst wenn die Eltern mit Worten etwas anders sagen. Wir glauben oft, dass wir nur etwas bewegen, wenn wir direkt Einfluss darauf nehmen. Oft sind wir auch in dem Glauben gefangen, dass wir etwas tun und auf eine bestimmte Art leben müssen, um geliebt zu werden und eine Daseinsberechtigung zu haben.

Das wurde mir deutlich, als ich ein halbes Jahr ohne Arbeit war, nachdem ich fünf Jahre lang gearbeitet hatte. So sehr ich mich darauf freute, Bilanz zu ziehen, mich neuen Wegen und Möglichkeiten zu öffnen und viel freie Zeit zu haben, so sehr machte es mir Angst. In den ersten beiden Monate begegnete ich der Angst, mich ohne Anerkennung für getane Arbeit und erbrachte Leistung nicht geliebt zu fühlen. Ich ertappte mich dabei, dass ich die Wohnung besonders sauber putzte und die Hausarbeit plötzlich übermäßig wichtig nahm. Abends, wenn Guido nach Hause kam, erwartete ich, von ihm dafür gelobt zu werden. Natürlich machte es mir auch Freude, ihn jetzt, da ich Zeit hatte, zu verwöhnen. Das war sehr schön und für uns beide ein Genuss. Doch immer mehr erkannte ich auch, dass ich traurig war, wenn er das nicht ununterbrochen anerkannte. Eines Abends musste ich über mich und dieses absurde Verhalten lachen. Ich fragte mich: „Warum laufe ich immer hinter Bestätigungen her? Warum ist es mir so wichtig, wahrgenommen zu werden und mir eine Existenzberechtigung zu verdienen? Was ist, wenn ich nichts leiste und einfach nur bin?" In dieser Zeit wurde ich zwar gelassener, doch blieb es zunächst mehr beim Erkennen und Beobachten. Die Zeit für die Lösung dieser Thematik war noch nicht gekommen.

Welche Freiheit, jetzt einfach nur zu sein. Geliebt zu sein, auch wenn ich traurig oder müde, langweilig und still bin. Geliebt zu sein, auch wenn ich nur in die Luft starre und auf dem Sofa hänge. Früher machte mir auch die Vorstellung Angst, von Geld zu leben, das Guido verdient hatte. Ich hatte Angst ihm etwas schuldig zu bleiben und abhängig zu sein. Kurze Zeit nach dem Erwachen ergab sich ein halbes Jahr lang genau diese Situation. Ich arbeitete an einem Buch und gab erst einmal keine Seminare und Einzelsitzungen. Meinen festen Job hatte ich gekündigt. Zum ersten Mal in den zwölf Jahren unserer Beziehung hatte ich kein „eigenes" Einkommen. Doch das spielte überhaupt keine Rolle. Ich war einfach wunderbar getragen im unendlichen Sein und sogar finanziell genährt. Dankbarkeit für Guido, für das, was ist. Nichts, was ich als Ausgleich dafür leisten musste. Ausgleich geschieht ganz von selbst. Geben und Nehmen, ohne Absicht, ohne Zweck.

Jetzt – hier – einfach sein – ohne mir etwas verdienen zu müssen und dafür belohnt zu werden.

Jetzt – hier – einfach sein – ohne mir etwas nicht verdient zu haben und dafür bestraft zu werden.

Jetzt – hier einfach Sein – nur Sein in jedem Moment.

Früher hatte ich immer wieder einmal finanzielle Ängste. Ich wusste zwar um positive Affirmationen, Gebete und Gedanken der Fülle, aber das wären eher Bemühungen und Anstrengungen gewesen als ein selbstverständliches Vertrauen, das keiner Worte bedarf. Heute ist Vertrauen da und es ist so selbstverständlich, genährt zu sein, dass es diese finanziellen Ängste bis jetzt nicht mehr gegeben hat. Hinter der Angst, zu wenig Geld zu haben, steckte auch die Angst, nicht überleben zu können. Letztendlich war es auch wieder die Angst vor dem Tod des Körpers, des Ich. So sehr war ich noch mit meinem Körper und seiner Geschichte identifiziert. Im Gewahrsein der Ewigkeit hat all das keine Wirkung mehr. Nur Sein, Liebe und Unendlichkeit.

Jetzt gibt es nichts mehr, was ich wirklich erreichen will oder suche. Da ist niemand mehr, der sucht. Dennoch können Wünsche und Visionen auftauchen, an denen niemand mehr haftet und deren Erfüllung nicht von Bedeutung ist. Es gibt immer noch Vertiefung. Es gibt auch noch Lernen und scheinbare Entwicklung. Das Lernen hat nicht aufgehört. Ich lebe nun einmal in der Dualität. Doch letztendlich gibt es keine Dualität und keine Nicht-Dualität, nur das Eine Sein.

Wieso erzähle ich dir das? Es gibt eigentlich nichts zu erzählen. Du brauchst dich nur zu erinnern. Ich bin nichts, was du nicht auch bist. Erwachen ist nichts Besonderes, nichts Ungewöhnliches. Kein Grund, dich davon beeindrucken zu lassen. Es ist einfach und selbstverständlich wie die Luft zum Atmen. Es ist das, was ist und was bleibt – jenseits unserer Gedanken, Gefühle und Vorstellungen.

Mit dem Erwachen wurde es leichter, nein zu sagen. Manchmal ergeben sich Handlungen, welche die Erwartungen und Vorstellungen mancher Menschen darüber, wie ich als spirituelle Lehrerin, Frau oder Freundin zu sein habe, sprengen. Es kann auch vorkommen, dass Empörung wach wird. Da ist nur Sein, jetzt. Alles ist möglich. Ob man mich beschimpft, für verrückt, arrogant, unverschämt, engelsgleich, nett, erwacht, nicht erwacht, fähig oder unfähig hält. Was spielt das für eine Rolle? All das wird wahrgenommen, manchmal sind auch Gefühle da. Doch die Stille, der Friede, die Unendlichkeit ist. Im Gewahrsein ist manchmal auch Lachen über all diese Spiele, Freude. Keine Bedrohung und nichts, das bedroht werden könnte. Unendliche Freiheit, wenn nichts vermieden und nichts erreicht werden muss. Traurigkeit, Unsicherheit, Wut, Tod, Zerstörung, Liebe, Glück, Unglück. Alles keine Bedrohung mehr. Es ist und darf sein. Stille – Friede – das Nichts ist und bleibt. Das wovor ich früher Angst hatte, bekommt keine Nahrung, hat keine Wirkung mehr. Es taucht auf – Stille ist – und löst sich auf in der Unendlichkeit. Keine Möglichkeit der Manipulation. Die Freiheit scheint eine Bedrohung für manche Menschen zu sein. Nicht von Bedeutung – Liebe ist – Liebe bleibt. Unendliche Freiheit in der Vollkommenheit, denn nichts ist da, das wirklich gebraucht oder vermieden werden müsste. Alle Rollen können gespielt werden.

Ich hatte früher die Vorstellung, dass ein erwachter Mensch zwar alles Materielle zurückweist, aber nie einen Menschen, dass er immer lächelt und sanft ja und niemals nein sagt, dass er über jedes Gefühl erhaben ist und natürlich immer bereit, sein letztes Hemd zu geben. Nichts davon ist bei mir der Fall. Verschiedene Charaktereigenschaften haben sich nicht verändert. Es gibt immer noch bunte Färbungen. Die menschliche Erscheinung Barbara ist nicht auffällig anders geworden. Das ist jetzt nur das Gewahrsein der Stille, des Nichts in allem, was ist.

Ich hatte niemandem erzählt, dass die Suche beendet ist. Weder einer Freundin, noch Menschen, die zu Beratungen oder Seminaren kamen. Guido erkannte es von selbst. Die Menschen, mit denen ich das Leben „teile", sind fast alle nicht bewusst auf der Suche nach Erwachen. Sie hatten und haben auch keine erleuchteten Lehrer. Erwachen, Erleuchtung war bei ihnen, genau wie bei mir, nie ein bewusstes Thema. Es gab kein Bedürfnis, über das zu sprechen, was „mir" geschah. Es war alles so selbstverständlich, so einfach. Das alltägliche Leben nahm einfach weiter seinen Lauf. Naheliegend, einfach, voller Gnade und unendlicher Liebe. So einfach und selbstverständlich, dass es nichts mitzuteilen gab.

Noch immer liebe ich gutes Essen, Kochen, schöne Kleider, Reisen, Zeiten allein, Blumen, die Natur, Rosen, Guido, Barock und Goldkitsch, Tanzen, Tennis, Skifahren, Lachen, Telefonieren, Bücher schreiben, Hemden bügeln. Doch all das ist nicht mehr dazu da, mir Glück und Erfüllung zu geben, genauso wie scheinbare Auseinandersetzungen kein Leid mehr verursachen. Es ist und bleibt immer nur das Jetzt, Friede und Stille. Nichts ist notwendig, um das Eine Sein zu finden und einfach zu sein, kein materieller oder persönlicher Erfolg, aber auch keine Askese oder Meditation, – obwohl all das geschehen kann. Das Eine Sein ist nichts „Persönliches" und von nichts Persönlichem abhängig. Da ist keine Person und niemand, der sich identifiziert. Nur unendliches Sein.

Es taucht gerade die Frage auf, was noch wichtig ist. Was will dir noch mitgeteilt werden? Was wirklich mitgeteilt werden will, ist die Stille, der Friede, die Unendlichkeit, das Sein jenseits der Worte. Das ist der Sinn dieser Geschichte. Auf der Ebene der Worte kann ich nicht beschreiben, was wirklich ist. Das Einzige, was dir geschenkt werden kann, ist die Aufforderung, immer wieder das zu finden, was jenseits der Worte, der Geschichten und der Vorstellungen liegt. Jeder, der dieses Buch liest, wird es anders verstehen. Und selbst wenn wir in diesem Moment miteinander sprechen würden, gäbe es wieder andere Beschreibungen und andere Worte. Worte sind der Veränderung unterworfen. In jedem Moment neu. Was immer ist und bleibt, jenseits allen Verstehens und aller Missverständnisse, ist der Friede, die Unendlichkeit. Lass alles Geschriebene und Gehörte gehen und öffne dich dem, was ist, in diesem Moment. Hier gibt es keine Missverständnisse. Hier ist der Friede. Stille, Friede und Unendlichkeit, jetzt in dir, jenseits von Worten, jenseits von Verstehen und jenseits von Erwachen.

Ende

Wir kommen nun zum Ende dieses Buches. Jedes Ende ist ein Neubeginn. Auf jedes Sterben folgt eine Geburt. Was bleibt, ist das, was ewig ist, unberührt von Anfang und Ende, unberührt von dem, was stirbt und geboren wird. Da ist das wahre Sein, die Unendlichkeit, die Liebe, das Nichts.

Es würde mich freuen, wenn dir meine Geschichte eine Hilfe sein konnte. Und würdest du mich jetzt, am Ende dieses Buches nach Hinweisschildern auf dem Weg des Erwachens und nach der Essenz meiner Erfahrungen fragen, dann würde ich dich an die folgenden erinnern:

- Jetzt, nur dieser Moment. Vollkommenheit, jetzt in diesem Moment. Erkenne das Vollkommene, das Ewige jetzt.

- All deine Ängste können dir Lehrer auf deinem Weg sein. Lass sie zu, geh durch sie hindurch, um das Unsterbliche zu erkennen. Lass die Angst vor dem Tod, vor der Auflösung einer getrennt identifizierten Person zu, wenn sie geschehen will.

- Das Leben wird gelebt. Der Alltag kann die höchste Meditation sein. Alles, was es zu lernen und zu erkennen gibt, wird dir hier geschenkt. Betrachte die Abhängigkeiten und Verstrickungen deines Lebens und lass Befreiung geschehen, wenn sie geschehen will. Das alltägliche Leben mit all den menschlichen Gefühlen, Gedanken und scheinbaren Unzulänglichkeiten ist vollkommen.

- Immer weiter nach menschlicher Perfektion zu streben, ist ein sinnloses, weil endloses Unterfangen. Halte inne – jetzt.

- Finde das, was ewig ist – unberührt von allen Gefühlen, Gedanken und Erscheinungen.
- Alles was ist, ist willkommen, tiefste Traurigkeit, Wut, Hass, Zweifel, Freude, Tod, Geburt, Schmerz, Leid und Glück. All das kann kommen und gehen. Das, was ist, bleibt davon unberührt.
- Keine Gedanken oder Gefühle, die es zu unterdrücken oder zu forcieren gilt. Sie sind wie eine Welle, die kommt und auch wieder geht.
- Finde die Stille, den Frieden, der immer ist, unabhängig von äußeren Ereignissen, unabhängig von äußeren Veränderungen. Die Stille, der Friede ist immer in dir.
- Begegne deinem Schatten. Schau dir das an, was du nicht sehen willst. Schau dir das an, was du ablehnst und verurteilst. Schau in den Spiegel, den dir andere Menschen und die Schwierigkeiten deines Lebens vorhalten. Alles, was im Außen ist und geschieht, ist in dir.

Das ist die Essenz dessen, was ich erfahren und erkannt habe. Doch über allem steht: Lass das geschehen, was geschehen will, unabhängig davon, welchen Weg andere Menschen gegangen sind, unabhängig davon, was jemals in Worte gefasst wurde, auch in diesem Buch. Und daher möchte ich dir selbst diese Anhaltspunkte wieder nehmen. Es sind nur Worte. Es sind nur Hinweise. Nichts von dem ist die absolute Wahrheit. Wirklich wahr ist die Essenz, reines Sein, Bewusstsein, das Nichts in allem, was ist. Sei frei, das zu tun und geschehen zu lassen, was geschehen will, auch wenn es in völligem Widerspruch zu allem zu stehen scheint, was du jemals gehört hast. Halte dich nicht an meinen Worten, an meiner Geschichte und an meinen Beschreibungen fest. Bei dir kann alles anders sein. Sein, Bewusstsein, unendliche Liebe steht über allem. Dein Weg ist dein Weg. Deine Geschichte ist deine Geschichte. Du kannst alles in Frage stellen.

Friede, Stille, die Unendlichkeit des Seins ist immer unabhängig von Worten, Geschichten und Beschreibungen. Auch unabhängig von deinen Geschichten, Vorstellungen und Beschreibungen. Egal, was ich mir vorstellte, wie mein Leben zu sein habe, es gab immer einen goldenen Faden. Dein Weg ist genauso vollkommen wie mein Weg vollkommen war und ist. Nichts ist und war jemals falsch. Und so wird sich dein Leben in seiner Vollkommenheit weiter entfalten, ob du diese Vollkommenheit erkennst oder nicht. Es kann und wird dir nichts passieren. Was du in Wahrheit bist, ist ewig und unsterblich. Auf der menschlichen Ebene der Geschichten gibt es Unterschiede. Doch in Wahrheit bin ich nichts anderes als du. Nur das Eine Sein. Du kannst und wirst es niemals verlieren. Du kannst nichts verpassen, nichts richtig oder falsch machen. Alles ist in vollkommener Ordnung. Vollkommenheit ist jetzt, mit und in all deinen scheinbaren menschlichen Unzulänglichkeiten, mit und in all deinen Zweifeln. Vollkommenheit, jetzt. Erwachen, jetzt. Nicht morgen.

Die Unendlichkeit ist immer und ewig – ob du sie erkennst und ihrer gewahr bist oder nicht. Du kannst sie nicht verlieren, niemals. Du bist immer Liebe, immer unendliches Sein. Die Schwingen der Liebe breiten sich aus. Sie berühren dich, jetzt. Sie berühren deine wahre Essenz, das, was sich erinnert, was erkennt, was ist. Du Freund, du Mensch, du Wesen in der Welt der Erscheinungen, in der ich bin. Ich reiche dir meine Hand zum Tanz, zum Tanz des Lebens in unendlichem Gewahrsein. Hörst du den Ruf der Unendlichkeit, der wahren Essenz? Hörst du die Melodie der Freiheit? Spürst du den Tanz der Liebe und der Unendlichkeit? All das offenbart sich in der Stille, in der Stille des Seins. Es offenbart sich in der Gnade des menschlichen Lebens. Es offenbart sich in der Gnade dessen, was ist. Es offenbart sich in deinem Leben, jetzt, hier, in diesem Moment

Rückblick

Seit dieses Buch geschrieben wurde, ist über ein Jahr vergangen. Viele neue Erfahrungen wurden gemacht, einiges würde heute anders beschrieben werden. Auf der Ebene der Erscheinungen ist nichts endgültig.

Im ersten Jahr „nach dem Erwachen" gab es viel Glückseligkeit, innere und äußere Stille, eine tiefe Freude. Dann folgte eine Zeit großer Herausforderungen und intensiver Erfahrungen, die jedoch nie die Stille, den tiefen Frieden stören konnten. Erstaunlich. Denn früher gab es auf der Ebene der Ereignisse viel weniger Herausforderungen, doch immer wurden sie in Verbindung mit Unruhe und Angst als Probleme verarbeitet. Jetzt bin ich mitten im Leben, mehr als jemals zuvor, und da kann alles auftauchen. Vor nichts bin ich gefeit. Es ist manchmal, als wolle das Leben mir zeigen: Alles kann passieren und alles, was du früher für eine Katastrophe gehalten hättest, ist nur wie es ist.

Für mich war Silvester immer von großer Bedeutung. Allein Silvester zu feiern, ohne Guido und andere Menschen, einfach und ungeplant, wäre einer Katastrophe gleich gekommen und wäre als schlechtes Omen für ein kraftloses, schwieriges neues Jahr bewertet worden. Hinzu wäre früher sicherlich auch gekommen, dass ich mich allein und ungeliebt gefühlt hätte. Dieses Jahr am Silvesterabend (ein Jahr nach der Silvestergeschichte vom Kloster) gab es plötzlich den starken Impuls, nicht sprechen und allein sein zu wollen, auch ohne Guido, obwohl etwas anderes geplant war. So verbrachte ich den Übergang vom alten ins neue Jahr zu Hause allein und Musik hörend. Nichts besonderes. Das mag für einige Menschen normal sein. Doch wenn man meine „Persönlichkeitsprägung" kennt, ist es sehr überraschend. Auch das war vollkommen: nichts wirklich zu brauchen – einfach nur zu sein – egal wo, egal wie. Da war das tiefe Empfinden: alles ist gut. – Ja, wirklich, alles ist gut.

Und so möchte ich noch einmal betonen, dass Erwachen in „meinem Fall" absolut nicht die Garantie für ein Leben im „Paradies" und für eine Existenz voller Glückseligkeitsanfälle ist. Es ist wirklich viel stiller und selbstverständlicher und ist einfach – immer. Es ist wirklich unabhängig und frei, egal welche Melodie das Leben gerade spielt. Das Leben wird direkter gelebt und ist immer noch ein Mysterium und ein Abenteuer. Denn ein künstlicher Schutz, der bestimmte Erfahrungen auszusieben und zu vermeiden versucht, ist scheinbar weggefallen. Jetzt zeigt das Leben plötzlich alles. Ich bin weit davon entfernt perfekt zu sein. Ich bin. Manchmal auch „richtig menschlich blöd". Juhuh. Oft lache ich über alles, besonders über die Spiele des Lebens, die wir oft viel zu ernst nehmen. Nicht immer laut, oft innerlich. Es ist alles nicht mehr so ernst, auch nicht das Erwachen. Was ist das überhaupt?

Singe, tanze und lache. Es ist alles nicht so ernst, weder das Leben noch das Erwachen und auch nicht die Worte, die in diesem Buch geschrieben sind. Sei einfach. Dann ist selbst das Erwachen nicht mehr wichtig. Wenn es geschehen sollte, ist es willkommen, und wenn nicht, dann nicht. Herzlich willkommen, ich grüße und umarme dich in Liebe. Herzlich willkommen im Tanz, im Abenteuer des Lebens.

Alles ist Liebe.

Barbara Vödisch

Barbara Vödisch war 10 Jahre als Tanztherapeutin in psychiatrischen und suchttherapeutischen Einrichtungen tätig.

Nach Ausbildungen in Chakren- und Energiearbeit, Aura-Soma, Rückführungen und Trance-Tanz wandte sie sich der spirituellen Energiearbeit zu.

Als „Sprachrohr" für die geistige Welt übermittelte sie eine Reihe von Büchern.

All das ist jedoch in den Hintergrund getreten. In der Einfachheit des Seins ist es ihr ein Anliegen, Menschen dabei zu unterstützen, sich von Verstrickungen und Illusionen zu befreien, das Göttliche in Alltäglichen zu erkennen und im Einen Sein zu erwachen.

Sie lebt mit ihrem Mann in den Bergen im Chiemgau, hält Vorträge und gibt Seminare und ist über folgende Anschrift erreichbar (Anfragen bitte mit frankiertem Rückumschlag):

Barbara Vödisch
Postfach 1333
83203 Prien am Chiemsee
www.barbara.voedisch.de

Barbara Vödisch
Shivananda Heinz Ackermann

Begleiter auf dem Weg ins Jetzt

Die gute Nachricht zuerst:
Jeder von uns hat bereits alles, was nötig
ist, um die Unendlichkeit zu erfahren. Sein,
Freiheit, Stille und Friede sind immer da
und jedem Menschen zugänglich.
Erwachen ist also eigentlich ganz einfach.
Doch leider haben wir vergessen, dass
wir schon ganz sind, dass es nichts zu
verbessern gibt und dass wir das Licht
von Geburt an in uns tragen. Wir müssen
uns also wieder erinnern, und das mög-
lichst jeden Tag aufs Neue.

Diese vierzig Karten sind ideale Erinnerungshilfen. Sie können Sie nutzen, indem
Sie jeden Morgen eine Karte ziehen – oder ganz bewusst aussuchen – und den
Spruch darauf zu Ihrem Motto für den ganzen Tag machen. Sie können sie auch
wie ein Orakel nutzen, indem Sie sie verdeckt auslegen und eine Antwort auf die
Frage ziehen, die Ihnen gerade besonders am Herzen liegt. Die Antwort wird,
wie immer sie ausfällt, auf das hinweisen, was ist – jetzt!

Barbara Vödisch (Text) / Shivananda Heinz Ackermann (Bilder)
Einfach sein – Spiel der Erkenntnis
40 farbig illustrierte Karten, mit Begleitheft, im Schuber | ISBN 3-933496-64-0

J.Kamphausen

Christin Lore Weber
& Byron Katie

Ruf des
Herzens

Ein unberechenbares „Biest", ganz und gar dem
American Dream of Live und dessen Schattenseiten,
den Ängsten, der Verzweiflung und dem Schmerz
verfallen, dazu vollgestopft mit Essen, Medikamen-
ten und Alkohol, widerfährt Byron Katie das, was
man „Erleuchtung" nennt.

Byron Katie wird eins mit allem und im Alter von
43 Jahren neu geboren.

Die große Erlösung beginnt. Katie, die keinerlei
spirituellen Hintergrund hat, um solche Erfahrungen
zu verstehen und einzuordnen, verwandelt sich zusehends in bedingslose Liebe,
Freude, Mitgefühl und Glückseligkeit. Sie lebt nur noch ihre Wahrheit, ohne
Kompromisse. Um im Zustand der Wahrheit und Glückseligkeit zu bleiben, entwickelt sie einen einfachen Prozess: The Work.

Dieses Buch ist Byron Katies Geschichte – der Ruf des Herzens. Es ist aber auch
die Geschichte vieler anderer Menschen, die ihr begegnet sind und von ihr
The Work lernten.

Christin Lore Weber & Byron Katie:
Schrei in der Wüste – das Erwachen der Byron Katie | 222 Seiten | ISBN 3-933496-43-8

J. Kamphausen